CONGREGATIO PRO CLERICIS
DEKRET

N. 20021479

Nach sorgfältiger Überprüfung des uns von dem internationalen katholischen Hilfswerk *Kirche in Not/Ostpriesterhilfe* vorgelegten Textes *Je crois - Petit catéchisme catholique* unter der Erwägung,

- dass es sich dabei um ein sehr nützliches Hilfsmittel für die katechetische Unterweisung handelt, die dazu bestimmt ist, die Kraft des Evangeliums in die Kultur und in die Kulturen hineinzutragen (vgl. CT 35);
- dass der Katechismus als konkreter Beitrag zu dem Dienst erscheint, den die Kirche dem Menschen zur Stärkung im Glauben zu leisten verpflichtet ist. Die vorrangige Sendung der Kirche besteht ja darin, Gott zu verkünden, ihn vor der Welt dadurch zu bezeugen, dass sie das wahre Antlitz Gottes und seinen Liebes- und Heilsplan für die Menschen, so wie Jesus ihn offenbart hat, bekanntmacht (vgl. DCG 23);
- dass der Text - wegen seiner durchgängigen Bezugnahme auf die Heilige Schrift und den Katechismus der Katholischen Kirche und weil er Überlieferungsakt ist - zuverlässig ist und als solcher *die lex credendi, die lex vivendi, die lex orandi* unserer heiligen Mutter Kirche darlegt und dass er die Tatsachen und Grundwahrheiten des christlichen Mysteriums unter Wahrung der *Hierarchie der Wahrheiten* und gemäß der vom Katechismus der Katholischen Kirche übernommenen Gliederung in vier Teile zusammenfassend und organisch geordnet vorlegt;
- und unter Anerkennung der Bemühungen des Hilfswerkes *Kirche in Not/Ostpriesterhilfe* um das gesteckte Ziel, nämlich die Veröffentlichung dieses Katechismus in einer hohen Auflage und in vielen Sprachen;

erteilt die Kongregation für den Klerus in Bezugnahme auf das Gesuch des Hilfswerkes *Kirche in Not/Ostpriesterhilfe* vom 9. November 2001, mit dem die Approbation des Katechismus *Je crois [Ich glaube]* erbeten wird, nach Überprüfung des vorgelegten Textes und gemäß ihrer Zuständigkeit, nach Einholung der Zustimmung der Kongregation für die Glaubenslehre auf Grund von Kanon 775 § 2 des Codex des kanonischen Rechtes

die erbetene Approbation.

Dabei sei daran erinnert, dass gemäß Kanon 827 § 1 des Codex des kanonischen Rechtes jede Übersetzung in eine andere Sprache vom Hilfswerk *Kirche in Not/Ostpriesterhilfe* diesem Dikasterium zur erforderlichen Approbation vorgelegt werden muss. Künftige Texte müssen wortgetreu der vorliegenden Fassung entsprechen, die - zu diesem Zweck - als allgemeingültig angesehen wird.

Falls Bischofskonferenzen den vorliegenden Katechismus als Nationalen Katechismus übernehmen wollen oder Übersetzungen dieses Textes in andere Lokalsprachen vornehmen lassen, müssen sie gemäß Kanon 775 § 2 und 827 § 1 des Codex des kanonischen Rechtes dafür ein Gesuch an dieses Dikasterium richten. In diesem Fall sollen außerdem, entsprechend den vom Allgemeinen Direktorium für die Katechese festgelegten Richtlinien, die zweckmäßigen Hinweise erteilt werden (vgl. DCG 131-136).

Möge die Heilige und Ungeteilte Dreifaltigkeit diesen Dienst am Glauben, den das Hilfswerk *Kirche in Not/Ostpriesterhilfe* zu deren Verherrlichung und zum Nutzen so vieler Männer und Frauen im dritten Jahrtausend leisten möchte, segnen, damit diese, auf geheimnisvolle Weise vom Tröstergeist ergriffen und von Maria, Stern der Evangelisierung, erleuchtet, Christus jeden Tag aus größerer Nähe folgen können.

Aus dem Vatikan, 15. August 2002
Fest der Aufnahme Mariens in den Himmel

† Csaba Ternyák
Titularerzbischof von Eminenziana
Sekretär

Dario Kard. Castrillón Hoyos
Präfekt

CONGREGATIO PRO CLERICIS

DEKRET

N. 20031858

Das Hilfswerk *Kirche in Not/Ostpriesterhilfe* hat mit Schreiben vom 12. September d.J. bei dieser Kongregation die Übersetzung in deutscher Sprache von *Ich glaube – Kleiner Katholischer Katechismus* zur Genehmigung vorgelegt. Nach eingehender Prüfung des Textes wird festgestellt, daß diese Ausgabe in allem mit der in französischer Sprache erschienenen und per Dekret vom 15. August 2002 (Prot. Nr. 20021479) approbierten Version *editio typica: Je crois – Petit Catéchisme Catholique* gemäß can. 827 § 1 des CIC getreu übereinstimmt. Die Kongregation für den Klerus

erteilt daher die notwendige Approbation.

Möge die Heilige und Ungeteilte Dreifaltigkeit diesen Dienst am Glauben, den das Hilfswerk *Kirche in Not* zur Ehre Gottes und zum Heil der Menschen des dritten Jahrtausends leisten will, segnen und so Männer und Frauen zu einer vertieften Nachfolge Christi befähigen, indem sie sich vertrauensvoll vom Heiligen Geist auf die Fürsprache der Gottesmutter Maria, Stern der Evangelisierung, leiten lassen.

Aus dem Vatikan, 15 November 2003

† Csaba Ternyák
Titularerzbischof von Eminenziana
Sekretär

Dario Kard. Castrillón Hoyos
Präfekt

Für dich, M. Benedikt!

Ich glaube

Kleiner Katholischer Katechismus

KIRCHE IN NOT/OSTPRIESTERHILFE

Bischof-Kindermann-Straße 23

D-61462 Königstein im Taunus

[illegible] 19.04.15

Erweiterte Neuausgabe unter Mitwirkung der Kongregation für den Klerus

Text: Eleonore Beck. Übersetzung der Neuausgabe aus dem Französischen: Sigrid Spath. Illustrationen: © Bradi Barth, 2013. Alle Rechte vorbehalten: © Kirche in Not/Ostpriesterhilfe, Postfach 1209, D-61452 Königstein. © Editorial Verbo Divino, E-31200 Estella (Navarra) 2013. Satz: NovaText, E-31192 Mutilva Baja. Druck: Gráficas Estella, 31200 Estella (Navarra). Cum licentia ecclesiastica. Printed in Spain.

ISBN: 978-84-8169-944-9

Edición en alemán (Cal/9)

***Ich glaube** an Gott, den Vater, den Allmächtigen,*
den Schöpfer des Himmels und der Erde,

und an Jesus Christus, seinen eingeborenen Sohn, unsern Herrn,
empfangen durch den Heiligen Geist,
geboren von der Jungfrau Maria,
gelitten unter Pontius Pilatus,
gekreuzigt, gestorben und begraben,
hinabgestiegen in das Reich des Todes,
am dritten Tage auferstanden von den Toten,
aufgefahren in den Himmel;
er sitzt zur Rechten Gottes, des allmächtigen Vaters;
von dort wird er kommen,
zu richten die Lebenden und die Toten.

***Ich glaube** an den Heiligen Geist,*
die heilige katholische Kirche,
Gemeinschaft der Heiligen,
Vergebung der Sünden,
Auferstehung der Toten
und das ewige Leben.

Amen.

ERSTER TEIL

DAS BEKENNTNIS DES CHRISTLICHEN GLAUBENS

DER GLAUBE DER CHRISTEN: DAS APOSTOLISCHE GLAUBENSBEKENNTNIS

1. Ich glaube an Gott, den Vater, den Allmächtigen

„Geht hinaus in die ganze Welt und verkündet das Evangelium allen Geschöpfen" (Mk 16, 15). „Macht alle Menschen zu meinen Jüngern; tauft sie auf den Namen des Vaters und des Sohnes und des Heiligen Geistes; und lehrt sie, alles zu befolgen, was ich euch geboten habe" (Mt 28, 19-20). Das ist der Auftrag, den Jesus seinen Aposteln gegeben hat. Derselbe Auftrag ist es, den die Apostel an ihre Nachfolger weitergeben: der Auftrag der Kirche - heute. Die Kirche gibt Zeugnis und verkündet, damit alle an Christus und sein Wort glauben, damit alle auf die Fülle hoffen, die er uns verheißen hat, und so mit ihm vereint und wie er leben und lieben können. Die Kirche hütet diese heilige Überlieferung, denkt liebevoll über sie nach, gibt sie an die Menschen aller Zeiten und Orte weiter und hält sie von Irrtum und Verfälschungen rein.

Das Apostolische Glaubensbekenntnis ist in der Kirche als zuverlässige Zusammenfassung der von den Aposteln weitergegebenen Botschaft entstanden. Alle, die bei der Taufe nach ihrem Glauben gefragt werden, bekennen diese Worte. Auf der ganzen Welt bekennen die Christen ihre Zugehörigkeit zu Gott, dem Vater, zu seinem Sohn Jesus Christus und zum Heiligen Geist mit denselben Worten.

Wer zu Gott „ja" sagt, muss wissen, worauf er sich einlässt. Deshalb ist es wichtig, dass jeder Christ diesen Grundtext seines Glaubens kennen und verstehen lernt. Er soll auf diese Weise erfahren, was „glauben" heißt.

1.1 Das Verlangen nach Gott ist im Herzen eines jeden Menschen verwurzelt

Ich bin ein Mensch: Ich bin als Junge oder als Mädchen geboren. Ich habe einen Vater und eine Mutter. Geschwister und eine Familie. Ich lebe in der Gemeinschaft zahlreicher Menschen, unter Tieren und Pflanzen, inmitten des ganzen, auf Erden gedeihenden Lebens.

Die Menschen können sehen und hören, lernen und im Gedächtnis behalten, beobachten und vergleichen, denken und Pläne schmieden. Sie können sehr schöne Dinge tun, wie Häuser bauen, Tiere zähmen, Krankheiten heilen, das Leben schenken. Sie können das Weltall erforschen, die Meere durchqueren, auf den Mond fliegen und werden noch viele andere wissenschaftliche Fortschritte machen; sie können ihren Verstand und ihren Willen aber genauso in den Dienst des Bösen stellen, indem sie zum Beispiel das Leben anderer Menschen, der Kinder, der Alten, der Kranken auslöschen ...

Die Menschen reden miteinander, lernen voneinander. Sie brauchen einander. Das Schwere wird leichter, wenn es jemanden gibt, dem ich sagen kann: Du meinst es gut mit mir; du hilfst mir immer wieder auf und gibst mir Hoffnung. Ich zähle auf dich und dein Wort; ich vertraue mich dir an. Das ist Freundschaft.

Da das Herz des Menschen für das Unendliche gemacht ist, erfüllen es diese Erfahrungen nicht vollständig - und mögen sie noch so schön sein. Im Gegenteil, sie treiben es an, weiter zu gehen, nach Höherem zu suchen, nachzudenken: Warum bin ich auf der Welt? Warum müssen wir sterben? Woher kommt das so mannigfaltige Leben? Gibt es einen letzten Grund, der dem Leben und ebenso dem Leiden einen Sinn gibt? „Mit seiner Offenheit für die Wahrheit und Schönheit, mit seinem Sinn für das sittlich Gute, mit seiner Freiheit und der Stimme seines Gewissens, mit seinem Verlangen nach Unendlichkeit und Glück fragt der Mensch nach dem Dasein Gottes“ (Katechismus der Katholischen Kirche - KKK 33).

> „Du hast uns auf dich hin geschaffen, Herr,
> und ruhelos ist unser Herz, bis es ruht in dir.“
>
> HEILIGER AUGUSTINUS, BEKENNTNISSE 1, 1

Zu allen Zeiten und bei allen Völkern sind die Menschen auf der Suche nach Gott. Sie suchen ihn, um durch ihn sich und die Welt begreifen zu lernen. Jeder Mensch kann in der vielgestaltigen Ordnung der Schöpfung ***das Werk Gottes erkennen.*** Die Werke spiegeln den wider, der sie erschaffen hat.

Das Werk Gottes erkennen: „Die Fähigkeiten des Menschen ermöglichen ihm, das Dasein eines persönlichen Gottes zu erkennen. Damit aber der Mensch in eine Beziehung der Vertrautheit mit Gott eintreten könne, wollte dieser sich dem Menschen offenbaren und ihm die Gnade geben, diese Offenbarung im Glauben annehmen zu können. Die Beweise für das Dasein Gottes können indes zum Glauben hinführen und zur Einsicht verhelfen, dass der Glaube der menschlichen Vernunft nicht widerspricht. Die heilige Mutter Kirche hält fest und lehrt, dass Gott, der Ursprung und das Ziel aller Dinge, mit dem natürlichen Licht der menschlichen Vernunft aus den geschaffenen Dingen gewiss erkannt werden kann. Ohne diese Befähigung wäre der Mensch nicht imstande, die Offenbarung Gottes aufzunehmen. Der Mensch besitzt diese Fähigkeit, weil er nach dem Bilde Gottes erschaffen ist“ (KKK 35-36).

1.2 Gott geht auf den Menschen zu: Er offenbart sich

> „Es hat Gott in seiner Güte und Weisheit gefallen, sich selbst zu offenbaren und das Geheimnis seines Willens kundzutun ...“
>
> II. VATIKANISCHES KONZIL, DEI VERBUM 2

Über Jahrhunderte hinweg hat Gott zum Herzen des Menschen gesprochen, um sich ihm stufenweise und auf eine erzieherische Art zu enthüllen. Unter allen Völkern der Erde hat er sich ein kleines Volk, das Volk Israel, auserwählt und geformt, um einen ***Bund*** mit ihm zu schließen. Durch dieses Volk werden alle Völker der Erde lernen, dass es Gott gibt und dass er einen Plan mit den Menschen hat. Die Geschichte dieses göttlichen Bundes mit Israel ist in den Büchern des ***Alten Testamentes*** enthalten, die den ersten Teil der ***Bibel*** bilden. Gott hat uns so etappenweise darauf vorbereitet, seine übernatürliche Selbstoffenbarung aufzunehmen, die in der Person und der Sendung seines Sohnes, des menschgewordenen Wortes Gottes, Jesus Christus, gipfelt (vgl. KKK 53).

Im Brief an die Hebräer heißt es:

> „Viele Male und auf vielerlei Weise hat Gott einst zu den Vätern gesprochen durch die Propheten; in dieser Endzeit aber hat er zu uns gesprochen durch den Sohn.“
>
> BRIEF AN DIE HEBRÄER 1, 1-2

Durch die biblischen Berichte von seinen Begegnungen mit dem Menschen lernen wir Gott kennen. Wir erfahren, wie er ist und was er vom Menschen und für den Menschen will.

Gott spricht zum Herzen Abrahams und sagt zu ihm: „Ich bin Gott, der Allmächtige: Geh deinen Weg vor mir und sei rechtschaffen! Ich will einen Bund stiften zwischen mir und dir und dich sehr zahlreich machen ... Du wirst Stammvater einer Menge von Völkern ... Ich schließe meinen Bund zwischen mir und dir samt deinen Nachkommen, Generation um Generation, einen ewigen Bund: Dir und deinen Nachkommen werde ich Gott sein" (Gen 17, 1-7). Diese Verheißung stellt den Anfang des „Gottesvolkes" dar.

Als sein Volk später in Ägypten Opfer einer grausamen Versklavung wird, verlässt Gott es nicht. Er will es befreien und ihm so zeigen, dass er sein Erlöser ist. Mose weidet seine Herde in der Wüste. Da bemerkt er den brennenden Dornbusch, der brennt, ohne jedoch zu verbrennen. Er hört eine Stimme, die zu ihm spricht: „Ich bin der Gott deines Vaters, der Gott Abrahams, der Gott Isaaks und der Gott Jakobs ... Ich habe das Elend meines Volkes in Ägypten gesehen und ihre laute Klage ... habe ich gehört. Ich kenne ihr Leid" (Ex 3, 6-7).

Der transzendente, allmächtige Gott hat sich mit diesen Menschen verbunden. Durch Mose will er sie in die Freiheit führen. Aber Mose fürchtet sich. Er will den Auftrag nicht annehmen. Er fragt den, der aus dem Feuerbusch mit ihm spricht, nach seinem Namen. Gott sagt: „Ich bin der Ich-bin-da." Das ist kein gewöhnlicher Name: Gott, der von jeher ist, geht auf den Menschen zu, um ihn zu befreien und mit ihm ein Bündnis, einen Freundschaftsbund zu schließen. Dieser Bund ist für jeden, zu allen Zeiten gültig.

> „So spricht der Herr, der dich geschaffen hat ...
> Fürchte dich nicht, denn ich habe dich ausgelöst,
> ich habe dich beim Namen gerufen - du gehörst mir.
> Wenn du durchs Wasser schreitest, bin ich bei dir,
> wenn durch Ströme, dann reißen sie dich nicht fort;
> wenn du durchs Feuer gehst, wirst du nicht versengt,
> keine Flamme wird dich verbrennen.
> Denn ich, der Herr, bin dein Gott,
> ich, der Heilige Israels, bin dein Retter."
>
> JESAJA 43, 1-3

In den verschiedenen Abschnitten der Geschichte des ersten Bundesvolkes beruft Gott „Propheten", die vor allem seine Freunde und Vertrauten sind. Da das

Gottesvolk oft dazu neigt, seinen Herrn zu vergessen und ihm nicht mehr zu vertrauen, sendet Gott ihm seine Propheten, um es an seine Liebe, seine Treue, seine Ansprüche zu erinnern. Elija, Amos, Hosea, Jesaja, Jeremia, Ezechiel gehören zu diesen Männern, von deren Taten und Lehren uns die Bibel berichtet.

Andere haben über Gott, die Welt, den Glauben nachgedacht. Man nennt sie die „Weisen". Unter den Weisheitsschriften findet sich das Buch Ijob, eines frommen Mannes, der sein Leben Gott anvertraut hat und der ihn auf eine ganz besondere Weise kennen lernt: Das Unglück stürzt über ihn herein. Räuberbanden nehmen ihm seine Herden weg und töten die Hirten. Das Haus seiner sieben Söhne und drei Töchter stürzt über ihnen zusammen, und sie werden erschlagen. Er selbst bekommt den Aussatz, sein Körper ist bedeckt mit Geschwüren. Er sitzt auf einem Aschenhaufen und kratzt sich wegen des Juckreizes mit einer Scherbe.

Es ist doch nicht möglich, dass Gott dem frommen Ijob so viele Heimsuchungen schickt! Seine Frau und seine Freunde wollen ihn dazu bringen, sich von Gott abzuwenden, da ihm seine Treue nichts genützt hat. Ijob selbst versteht es zunächst nicht und geht soweit, zu wetten, dass Gott das, was er tut, nicht rechtfertigen kann. Schließlich begreift Ijob, dass die Freundschaft Gottes keine Frage von Glück und Gesundheit ist, sondern vor allem ein unerschütterliches Vertrauen in seine Pläne verlangt, die uns gegenüber immer wohlwollend sind, selbst wenn wir sie nicht verstehen. Die Erzählung zeigt das auf ihre Weise, weil sie darlegt, dass Gott dem Ijob, der in der schweren Prüfung treu geblieben ist, neues Glück beschert.

Das ist die Glaubenserfahrung bei den Menschen des ersten Bundes; es soll auch die meine sein:

- Wissen, dass Gott für alle Menschen da ist, dass er sie kennt und dass er sie liebt. Vertrauen in ihn haben.

- Sicher sein, dass Gott für mich da ist, dass er mich kennt und dass er mich liebt.

- Gott lieben von ganzem Herzen, mit allen meinen Lebenskräften und Fähigkeiten.

- Sein Wort hören, seinen Willen tun, ja sagen zu seinem Plan mit mir.

In einer verfallenen Stadt hat man an der Mauer einer Kellerwand das Glaubensbekenntnis eines Verfolgten gefunden:

Ich glaube an die Sonne,
auch wenn sie nicht scheint.
Ich glaube an die Liebe,
auch wenn ich sie nicht spüre.
Ich glaube an Gott,
auch wenn er schweigt.

Bibel, Altes Testament: Bibel bedeutet „Buch": So nennt man das Buch, das die Schriften vereint, welche die Kirche als „Heilige Schrift" anerkennt. Der erste große Teil, das Alte Testament, enthält die Bücher, mit denen das Volk Israel die großen Taten Gottes und seiner eigenen Geschichte bezeugt. Man unterscheidet dabei das Gesetz (den Pentateuch = die dem Mose zugeschriebenen fünf Bücher), die Bücher der Propheten (die uns über die Worte und Taten der Propheten berichten) und die „Schriften" (geschichtliche, poetische und Weisheitsschriften). Die Texte des Alten Testaments wurden im ersten Jahrtausend vor Christi Geburt niedergeschrieben. Manche dieser Texte waren von Generation zu Generation mündlich weitergegeben worden, bevor sie aufgeschrieben wurden. Der zweite, kürzere Teil der Bibel bildet das Neue Testament.

Bund: Das Wort bedeutet den Vertrag, den der transzendente Gott mit Noach, Abraham, dann mit dem ganzen Volk auf dem Berg Sinai geschlossen hat. Der Bund ist für Israel das Unterpfand der Wahl Gottes (Erwählung): „Ich werde euer Gott sein, und ihr werdet mein Volk sein." Die „Zehn Gebote" bilden die Vertragsbedingungen des Bundes. Zum Gedenken daran begeht Israel alle Jahre das Fest der Bundesfeier.
Da der getreue Gott diesen Bund geschlossen hat, können die Menschen ihm vertrauen. Selbst in der schlimmsten Verzweiflung verlieren die frommen Menschen nicht die Hoffnung. Sie warten auf einen neuen Bund, den Gott seinem Volk anbieten wird. Der, durch den Gott diese Hoffnung erfüllt und sich ganz offenbart, ist Jesus, der Messias, Christus.

1.3 Das Neue Testament

„Christus, der menschgewordene Sohn Gottes, ist das vollkommene, unübertreffbare, eingeborene Wort des Vaters. In ihm sagt der Vater alles, und es wird kein anderes Wort geben als dieses."

Katechismus der Katholischen Kirche 65

Das Neue Testament ist der Teil der Bibel, der in der Kirche Jesu Christi entstanden ist. Es besteht aus 27 Büchern, die von den Aposteln und anderen Jüngern in den Jahren 50 bis 100 nach Christi Geburt geschrieben worden sind. Dazu gehören 21 Briefe - davon 13 vom heiligen Paulus - an verschiedene Gemeinden. Diese Bücher wurden sehr bald als das ***apostolische*** Fundament des Glaubens der Kirche angesehen. Sie „bieten uns die endgültige Wahrheit der göttlichen Offenbarung" (KKK 124), welche die Apostel verkündet, bezeugt und weitergegeben haben.

Die vier ***Evangelisten*** (Matthäus, Markus, Lukas und Johannes) geben in ihrem Buch, jeder auf seine Weise, Zeugnis vom Tun und Wirken und den Worten Jesu Christi, Gottes Sohn und unserem Herrn, sowie von seinem Leiden und seiner Auferstehung. In der *Apostelgeschichte* beschreibt der Evangelist Lukas die Geschichte der Urkirche, die sich unter dem Hirtenstab des heiligen Petrus in Jerusalem konstituiert, sowie den Aufbruch zu den ersten Missionsreisen, vor allem jenen des heiligen Paulus. Er zeigt, wie der Heilige Geist am Werk ist, um den ersten Christen Licht, Sicherheit und Liebe zu geben. Die Briefe des Paulus, Jakobus, Petrus, Johannes etc. enthalten wertvolle Lehren über das Geheimnis Gottes und seines Christus, den Heilsplan Gottes und das Leben, das die Christen unter dem Wirken des Heiligen Geistes führen sollen. Das letzte Buch des Neuen Testamentes, die Offenbarung des Johannes, enthält prophetische Bilder und die Ankündigung des endgültigen Sieges Gottes über die Mächte des Bösen.

Die Bibel besteht aus dem Alten und dem Neuen Testament. Die von der Kirche als wahr und authentisch anerkannten biblischen Schriften bilden den ***Kanon*** der Heiligen Schrift. Die Kirche glaubt, dass der Heilige Geist Gottes die Männer, die diese Bücher geschrieben haben, ***inspiriert*** und so vor Irrtum bewahrt hat. Ihr Zeugnis ist glaubwürdig, wahrheitsgemäß und zuverlässig (vgl. 2 Petr 1, 20-21). Durch sie schenkt uns der Heilige Geist Gottes ein sicheres Licht, um nach dem Plan Gottes, der unser Heil will, voranzugehen. Da der Heilige Geist für sie bürgt, haben die Heiligen Schriften für alle Zeiten Gültigkeit.

Im Laufe der Jahrhunderte macht die Kirche unter dem Beistand des Heiligen Geistes, der sie in die ganze Wahrheit führt (Joh 16, 13), einen Fortschritt im Verständnis der von der Schrift überlieferten Ereignisse und Lehren durch das Nachsinnen und Studium der Gläubigen, die sie in ihrem Herzen erwägen, und auch durch die Verkündigung der Bischöfe, der Nachfolger der Apostel, die ein sicheres Charisma der Wahrheit empfangen haben (vgl. II. Vatikanisches Konzil, *Dei Verbum* 8). Wir müssen daher die Heilige Schrift so lesen, wie die Kirche selber sie liest, nämlich im Licht ihrer Überlieferung und gemäß den Erklärungen des Lehramtes. Wir hören das Wort Gottes insbesondere während der hl. Messe, wo die Kirche es verkündet und speziell für uns auslegt.

„Noch viele andere Zeichen, die in diesem Buch nicht aufgeschrieben sind, hat Jesus vor den Augen seiner Jünger getan. Diese aber sind aufgeschrieben, damit ihr glaubt, dass Jesus der Messias ist, der Sohn Gottes, und damit ihr durch den Glauben das Leben habt in seinem Namen."

EVANGELIUM NACH JOHANNES 20, 30-31

Apostolisch: Die Apostel geben an ihre Nachfolger, die Bischöfe, den Dienst weiter, den ihnen Jesus selbst anvertraut hat. Dieses Band der heiligen Tradition verbindet uns mit jenen Anfängen. Durch die Bischöfe empfangen wir die Lehre, die die Apostel von Jesus empfangen haben (vgl. KKK 857-862).

Evangelien: Die heilige Mutter Kirche „hält entschieden daran fest, dass die vier Evangelien, deren Geschichtlichkeit sie ohne Bedenken bejaht, zuverlässig überliefern, was Jesus, der Sohn Gottes, in seinem Leben unter den Menschen zu deren ewigem Heil wirklich getan und gelehrt hat bis zu dem Tag, da er in den Himmel aufgenommen wurde" (II. Vatikanisches Konzil, *Dei Verbum* 19).
Deshalb „sind die Evangelien das Herzstück aller Schriften" (KKK 125).

Kanon: bedeutet „Richtmaß". So nennt man die Gesamtheit der von der Gemeinschaft der Gläubigen als inspiriert anerkannten Texte. Nur sie dürfen während der Gottesdienste gelesen werden.

Inspiration: „Inspiration" nennt man den bei der Abfassung der biblischen Bücher vom Heiligen Geist geleisteten Beistand.

1.4 Ich glaube - wir glauben

Gott offenbart sich dem Menschen, damit dieser Gott aufnehmen und ihm seinen ganzen Glauben schenken kann. Das Glaubensbekenntnis aller Christen beginnt mit dem Wort „Ich". Denn innerhalb der Gemeinschaft hat jeder Mensch seine eigene Geschichte mit Gott. Keiner kann für einen anderen sagen: „Ich glaube."

Das Evangelium zeigt uns, wie Jesus den Glaubensakt bei seinen Gesprächspartnern auslöst, ohne ihnen jemals Zwang anzutun. Der heilige Markus gibt eine Episode wieder, an der man gut die pädagogische Methode Jesu sieht: Ein Mann bittet ihn, seinen Jungen zu heilen, „wenn er kann“. Jesus antwortet ihm, dass dem, der glaubt, alles möglich ist. Da setzt der Mann einen Glaubensakt, indem er Jesus bittet, ihm zu einem tiefen Glauben zu verhelfen: „Ich glaube. Hilf meinem Unglauben!“ (Mk 9, 24) Glauben ist also eine Gabe Gottes an uns. Es ist der Heilige Geist, der uns zu glauben ermöglicht. „Keiner kann sagen: Jesus ist der Herr!, wenn er nicht aus dem Heiligen Geistes redet“ (1 Kor 12, 3). Aber zugleich ist Glauben ein freier Akt jedes einzelnen in Antwort auf die ihm von Gott gewährte Gnade.

Der Glaube ist ein Akt, mit dem wir der Person Jesu, Sohn Gottes, und dem Inhalt all dessen, was er uns durch seine Apostel und seine Kirche offenbart hat, vertrauensvoll zustimmen. Wir lernen glauben durch das Beispiel anderer Christen. Den Inhalt unseres Glaubens kennen wir durch die Unterweisung, die wir von der Kirche erhalten haben. Wir geben unsererseits Zeugnis von unserem Glauben und wir sind stets bereit, jedem Rede und Antwort zu stehen, der nach der Hoffnung fragt, die uns erfüllt (vgl. 1 Petr 3, 15). Man erkennt gut, dass der Glaube, auch wenn er ein höchst persönlicher Akt ist, ebenso ein gemeinschaftlicher Akt ist: Man gibt ihn an andere weiter und lebt ihn mit anderen. Im Apostolischen Glaubensbekenntnis sagen wir: „Ich glaube“, aber wenn wir in der Osternacht unser Taufversprechen erneuern, sagen wir gemeinsam: „Ich glaube.“ Der Glaube ist eine persönliche Haltung, die man in der Kirche mit allen anderen Christen lebt.

1.5 Ich glaube an Gott, den Vater, den Allmächtigen

Glaubende Menschen sprechen zu Gott. Sie suchen nach Worten, die seine Größe und sein Anderssein zum Ausdruck bringen: Du bist heilig, du bist glorreich, du bist der Allerhöchste. Sie werfen sich vor ihm nieder und beten ihn an.

Weil Gott groß und ganz anders ist als wir, glauben viele der Gerechten, von denen das Alte Testament spricht - zum Beispiel Mose -, dass ein Mensch, der Gott von Angesicht zu Angesicht sieht, dem Tod ausgeliefert sei. Und zugleich haben diese Männer keinen sehnlicheren Wunsch, als Gottes Angesicht zu schauen. Sie wollen nichts anderes, als ihm ganz nahe sein, denn sie glauben, dass der Mensch nur in Gottes Nähe glücklich sein kann. Sie glauben, dass er die Sünde bestraft, aber sie wissen auch, dass seine Liebe und Barmherzigkeit seinen Zorn unvergleichlich übertrifft.

Sie sagen: Gott ist nicht jemand, der uns erniedrigen will. Er versetzt die Menschen nicht in Furcht und Schrecken. Er liebt sie und will daher geliebt werden. Er sagt von sich selbst: „Wie eine Mutter ihren Sohn tröstet, so tröste ich euch" (Jes 66, 13). Und ebenso: „Ich dachte, du würdest mich Vater nennen und dich nicht abwenden von mir" (Jer 3, 19). Ein Gerechter, der Gott verstanden hat, sagt: „Wie ein Vater sich seiner Kinder erbarmt, so erbarmt sich der Herr derer, die ihn fürchten" (Ps 103, 13).

Dass Gott uns manchmal fern, fremd und unnahbar erscheint, gehört zu seinem Geheimnis: Er ist Geist, er ist ganz anders als wir. Ebenso macht er uns bewusst, dass seine Gedanken und seine Wege nicht die unsrigen sind (Jes 55, 8).

Wenn sich die Mächte des Bösen durchsetzen, kann uns Gott mitunter ohnmächtig erscheinen. Und dennoch, wenn wir am Ende unserer Kräfte sind, gilt noch immer das Wort, das der von Gott gesandte Bote an Abraham gerichtet hat, der - über neunzig Jahre alt - bezweifelte, dass ihm ein Sohn geboren würde: „Für Gott ist nichts unmöglich!" (Gen 18, 14) Das ist dasselbe Wort, das der Engel bei der Verkündigung an Maria richtet (Lk 1, 37).

Denen, die sich bei der Arbeit aufreiben, nähert sich Gott und nimmt sie in seine Arme. Die Einsamen sucht er und setzt sich zu ihnen wie eine Mutter. Den Trauernden wischt er die Tränen von ihren Augen. Die Zweifelnden beruhigt er. Die Mutlosen richtet er durch ein Lächeln wieder auf. Nichts und niemand kann ihm widerstehen. Sein Arm ist nie zu kurz, um zu helfen. Das vor allem wollen wir sagen, wenn wir verkünden: Gott ist allmächtig. Allmächtig in der Hilfe, in der Vergebung, in der Güte. Das Böse ist seinem Wesen fremd.

> Die Liebe Gottes ist wie eine Hand,
> an der man sich festhalten kann,
> wie ein Licht,
> das in der Nacht leuchtet und uns den Weg zeigt.

Gott ist auf ganz besondere Weise Vater: Jesus hat uns offenbart, dass Gott „Dreifaltigkeit" ist, und hat viel von seinem Vater gesprochen. Er verlangt von uns, dass wir „im Namen des Vaters und des Sohnes und des Heiligen Geistes" taufen.

Seit aller Ewigkeit zeugt Gott seinen Sohn, der wie er Gott und wesensgleich mit ihm ist. Seit aller Ewigkeit ist der Sohn, der auch das Wort genannt wird, zu seinem Vater zurückgekehrt. Seit aller Ewigkeit lieben sich der Vater und der Sohn, und aus dieser Beziehung, die den Vater und den Sohn verbindet, geht der Heilige Geist, die dritte Person der Heiligen Dreifaltigkeit, hervor. „Die drei göttlichen Personen sind real voneinander verschieden“ (KKK 254), es sind drei Personen, die „sich eng aufeinander beziehen“ (KKK 255), drei Personen in einer einzigen Gottheit. Ein einziger Gott, bei dem der Vater der Ursprung der zwei anderen Personen ist: ein unaussprechliches Geheimnis aus Licht, Liebe und Hingabe.

Der heilige Paulus erklärt uns, dass die zweite Person der Heiligen Dreifaltigkeit, der Sohn des Vaters, Mensch geworden ist, um uns den Heiligen Geist zu schenken. Der Geist verbindet uns mit Jesus, dem Sohn, und lässt uns mit ihm eine Kindeshaltung einnehmen gegenüber dem Vater. Mit Jesus sehen wir seinen Vater als unseren Vater an: „Als aber die Zeit erfüllt war, sandte Gott seinen Sohn, geboren von einer Frau ... damit wir die Sohnschaft erlangen. Weil ihr aber Söhne seid, sandte Gott den Geist seines Sohnes in unser Herz, den Geist, der ruft: Abba, Vater“ (Gal 4, 4-6).

Jesus lässt uns schon jetzt in den Rhythmus des trinitarischen Lebens Gottes eintreten:

> „Durch die Gnade der Taufe ‚im Namen des Vaters und des Sohnes und des Heiligen Geistes‘ sind wir dazu berufen, am Leben der glückseligen Dreifaltigkeit teilzuhaben, hier auf Erden im Dunkel des Glaubens und jenseits des Todes im ewigen Licht.“
>
> KATECHISMUS DER KATHOLISCHEN KIRCHE 265

2. Ich glaube an Gott ..., den Schöpfer des Himmels und der Erde

Die Menschen staunen und fragen: Woher kommt die Welt? Woher kommt diese Vielfalt von Leben? Wer hat die Bahnen der Gestirne bestimmt? Wie kommt es, dass Sommer und Winter, Saatzeiten und Ernten, Tag und Nacht die Zeit bestimmen? Wer hat den Pflanzen und den Tieren ihre Ordnung verliehen und der Erde ihre Fruchtbarkeit gegeben? Wer erweckt das Leben im Schoß der Mütter? Was geschah am Anfang und wie wird das Ende sein?

Die Menschen leiden und beklagen sich: Wer lässt die Erde beben und ruft Überschwemmungen hervor? Wer hält den Regen zurück und verursacht dadurch die Dürre? Woher kommt das Unglück, die Krankheit, der Tod? Woher kommt das Böse und wer gibt ihm die Macht, sich im menschlichen Herzen auszubreiten? Wird am Ende das Böse über das Gute siegen, wird der Tod stärker sein als das Leben?

Das sind auf der ganzen Erde dieselben Fragen, welche die Menschen bedrängen. Überall suchen die Weisen der Völker darauf eine Antwort. Sie erzählen von den geheimnisvollen Anfängen, von der Gottheit und ihrer Geschichte mit dem Menschen: Die Bibel bietet auch uns den ***Bericht von den Anfängen.***

Die Priester Israels formulieren, vom Geist Gottes inspiriert, ihren Glauben an Gott, den „Schöpfer des Himmels und der Erde". Dieses Glaubensbekenntnis ist so wichtig, dass sie es an den Anfang der Bibel stellen.

Bericht von den Anfängen: Man spricht manchmal vom „Schöpfungsbericht" am Anfang der Bibel und riskiert damit das Missverständnis, das Einleitungskapitel des ersten biblischen Buches (das Buch Genesis) als mehr oder weniger genaue Beschreibung des in diesem ersten Kapitel berichteten Geschehens zu interpretieren. Wenn es zum Beispiel heißt, dass Gott die Welt in sechs „Tagen" erschuf (man spricht von den sechs Tagen der göttlichen „Arbeit"), so bedeutet das Wort „Tag" nicht den Ablauf von vierundzwanzig Stunden. Das Bild will unterstreichen, dass mit Gottes Schöpfung die Zeit beginnt und verstreicht, und ebenso, dass die verschiedenen Geschöpfe miteinander verbunden sind. Der Text, den uns die Bibel überliefert hat, sagt nicht, *wie* das Universum entstanden ist, sondern *wer* es gestaltet hat. Das Volk Israel bekennt in diesem Hymnus seinen Glauben an Gott, der von allem Anfang an war, der die Welt erschaffen hat und der seiner Schöpfung treu bleibt bis zu ihrer Vollendung.

2.1 Alles kommt von Gott

„Im Anfang schuf ***Gott*** Himmel und Erde“ (Gen 1, 1). Mit diesem Satz beginnt die Bibel. „Im Anfang“, das heißt: als es auf der Erde noch keinen Menschen, keinen Mann, keine Frau, kein Kind, kein Tier gab, die im Wald und auf den Feldern ihre Spuren hinterließen, keinen Vogel, der sang, keinen Fisch, der im Wasser schwamm, keinen Sonnenstrahl, der den Tag ankündigte, keinen Mond, der am Himmel aufging, keinen Stern, der in der Nacht leuchtete, kein Meer, kein Oben, kein Unten, weder rechts noch links - im Anfang gab es Gott: Sein „Geist schwebte über dem Wasser“ (Gen 1, 2).

- Wir sagen: „Ich glaube an Gott, den Schöpfer des Himmels und der Erde“ und wollen damit sagen: Die Welt und alles, was sie enthält, ist weder aus sich selbst noch durch Zufall entstanden. Sie ist entstanden und besteht weiter, weil Gott sie gewollt hat und sie fortwährend trägt. Ohne ihn gäbe es kein Leben.

- Wir sagen: Er hat die Welt „aus nichts“ erschaffen. Im Unterschied zu einem menschlichen Handwerker benötigt er zum Erschaffen nichts schon vorher Existierendes und keinerlei Hilfe (vgl. KKK 296). Er hat das kleinste Atom und das fernste Sonnensystem erschaffen. Deshalb können die Menschen die Spur Gottes in seinen Geschöpfen selbst dann erkennen, wenn sie nichts von ihm wissen. „Denn von der Größe und Schönheit der Geschöpfe lässt sich auf ihren Schöpfer schließen“ (Weish 13, 5).

Die Menschen machen sich auf, um ihren Lebensraum, die „Erde“, zu erkunden. Sie erklären, wie sich das Leben in seiner großen Vielfalt im Laufe von Jahrtausenden entwickelt hat. Unser Weltbild unterscheidet sich von dem der Bibel. Auf die Frage nach dem Anfang, nach der letzten Ursache des Lebens gibt es unterschiedliche Antworten; wir glauben nicht an den Zufall, sondern an den lebendigen Gott, den Ursprung aller Anfänge.

Durch den Glauben an diesen Gott gewinnen wir eine Sichtweise, die uns die Welt und uns selber begreifen lässt. Eben weil wir glauben, können wir gewiss sein, dass die Welt und der Mensch letzten Endes bei dem in Sicherheit sind, der im Anfang war und der seiner Schöpfung nahe bleibt.

Gott ist uns gegenüber sehr gütig. Das Volk Israel hat wiederholt diese Erfahrung gemacht, und jeder Glaubende erfährt es in seinem Leben.

Einer, der viel nachgedacht hat, lobt Gott so:

„Du hast mit allen Erbarmen, weil du alles vermagst,
und siehst über die Sünden der Menschen hinweg,
damit sie sich bekehren.
Wie könnte etwas ohne deinen Willen Bestand haben,
oder wie könnte etwas erhalten bleiben,
das nicht von dir ins Dasein gerufen wäre?
Du schonst alles, weil es dein Eigentum ist,
Herr, du Freund des Lebens."

WEISHEIT 11, 23.25-26

Gott: Vater, Sohn und Heiliger Geist: „Das Schöpfungswerk wird insbesondere dem Vater zugeschrieben, doch ist es ebenfalls eine Glaubenswahrheit, dass der Vater, der Sohn und der Heilige Geist das einzige, unteilbare Schöpfungsprinzip sind" (KKK 316). Der Vater hat „*durch sich selbst*, das heißt durch sein Wort und seine Weisheit, durch den Sohn und den Geist, die gleichsam ‚seine Hände' sind, alles gemacht (hl. Irenäus von Lyon)" (KKK 292).

2.2 Der Mensch kommt von Gott

Der Mensch kam erst spät auf die Erde. Die Meere und die Kontinente, die Pflanzen und die Tiere gab es lange vor ihm. Israel verkündet: Am „sechsten Tag", dem letzten Tag seines Werkes, hat Gott den Menschen erschaffen. Den Menschen, der mit den Pflanzen und Tieren lebt, aber dennoch ganz „anders" und „viel mehr" ist als sie. Genau das wollen die Priester Israels sagen, wenn sie beteuern, Gott habe den Menschen nach seinem Abbild erschaffen: die einzigartige Person, die mit Verstand und freiem Willen und mit der Fähigkeit zu lieben ausgestattet ist. Darin liegt seine ganze Würde: Der Mensch ist Ebenbild Gottes.

Gott hat den Menschen als Mann und Frau erschaffen, damit sie füreinander Partner sind und einander Beistand leisten. Sie schenken einander das Leben, ihr Wissen, ihre Erfahrung, ihre Liebe. Weil der Mensch - Mann und Frau - Gott ähnlich ist, ist er dazu fähig, Gott selbst und die anderen Menschen zu erkennen und zu lieben. Mann und Frau steht das Universum zur Verfügung, um ihre Berufung zu erfüllen, nämlich zu wachsen in der Liebe zu Gott und in ihrer Liebe zueinander; mit Gott an der Vollendung der Schöpfung teilzuhaben; sich auf die Begegnung mit Gott in der Ewigkeit vorzubereiten.

Der Mensch kann die Erde entdecken und erforschen, er kann von ihr Gebrauch machen und sie gestalten. Er kann sie auch verschmutzen und zerstören. Er hält sich mit Recht für den „Herrn“ der Erde. Aber seine „Größe“ stammt nicht aus ihm selbst. Gott hat entschieden, dass die Letzten seiner Schöpfung - die Menschen - die Ersten sein sollen, damit sie nicht nur für sich selber und für ihre Kinder, sondern für alles, was auf der Erde wächst, Sorge tragen.

Gott vertraut dem Menschen, dass er sich im Umgang mit der Tier- und Pflanzenwelt als ein verantwortungsbewusster Partner erweist, dass er das Leben verteidigt und schützt, dass er die Erde nicht zerstört, sondern bewahrt, dass er jedem Geschöpf gibt, was es braucht. Mann und Frau sind gemeinsam verantwortlich für die Erde, denn Mann und Frau haben vor Gott gleiche Würde.

Gelobt seist du, mein Herr,

„durch unsere Schwester, die Mutter Erde,
die uns trägt und nährt
und mancherlei Früchte hervorbringt
und vielfarbene Blumen und Kräuter ...
Durch jene, die aus Liebe zu dir vergeben ...
und selig sind diejenigen, die harren im Frieden,
denn sie werden von dir, Höchster, gekrönt werden.“

HL. FRANZ VON ASSISI - SONNENGESANG

Herr, unsere Erde ist nur ein kleines Gestirn im großen Weltall. An uns liegt es, daraus einen Planeten zu machen, dessen Geschöpfe nicht von Kriegen gepeinigt werden, nicht von Hunger und Furcht gequält, nicht zerrissen in sinnlose Trennung nach Rasse, Hautfarbe oder Weltanschauung.

Gib uns den Mut und die Voraussicht, schon heute mit diesem Werk zu beginnen, damit unsere Kinder und Kindeskinder einst mit Stolz den Namen Mensch tragen.

GEBET DER VEREINTEN NATIONEN

2.3 Das Gute oder das Böse - Leben oder Tod

Wir sind Gott dankbar. Er hat die Erde erschaffen. Alles Leben kommt von ihm. Und alles Leben ist gut. Daran glauben wir, und doch machen wir in unserer Welt, in uns selber die Erfahrung der Macht des Bösen. Man kann überall die Spuren des guten Gottes finden, aber eben auch die Spuren des Bösen - selbst in unserem eigenen Herzen.

Manche Völker glauben, dass sich zwei Götter - ein guter und ein böser Gott - bekämpfen. Wir glauben mit dem Volk Israel an einen einzigen Gott. Er hat alles mit Weisheit und Liebe erschaffen, er hat eine geordnete und gute Welt hervorgebracht, in der die freien Wesen, die er erschaffen hat, ihn lieben und ihm in aller Freiheit dienen sollen. Aber sie haben diese Freiheit missbraucht, sie wollen nicht dienen. Die Bibel erklärt uns, dass einige der ***Engel,*** die Gott erschaffen hat, damit sie ihn umgeben und seine Herrlichkeit schauen, dem Beispiel des Ersten von ihnen, der Teufel genannt wird, gefolgt sind und sich gegen den Herrn aufgelehnt haben. Sie können nicht mehr bei Gott bleiben und werden in das Feuer geworfen, das „für den ***Teufel*** und seine Engel bestimmt ist" (Mt 25, 41). Sie kommen in die Welt der Menschen und bringen das Böse mit. Sie versuchen, die Menschen von Gott abzubringen und zur Sünde zu verführen. Der Teufel ist nicht allmächtig, er ist nur eine Kreatur, aber er kann viel Böses verursachen. Der heilige Petrus warnt uns vor den Versuchungen des Teufels und vor der menschlichen Schwachheit. Er sagt uns: „Seid nüchtern und wachsam! Euer Widersacher, der Teufel, geht wie ein brüllender Löwe umher und sucht, wen er verschlingen kann. Leistet ihm Widerstand in der Kraft des Glaubens!" (1 Petr 5, 8-9)

Wir glauben, dass Gott am „Jüngsten Tag", wenn Christus wiederkommt und die Welt zu ihrer Vollendung führt, die Kräfte des Bösen vernichten wird. Dann wird das neue Leben beginnen, das niemals mehr enden wird (vgl. Offb 20, 7-14).

Aber solange die geschichtliche Zeit dauert, treibt der Böse mit den Menschen sein Spiel. Der Mensch ist frei: Er kann sich auf die Seite Gottes stellen, sein Wort hören und als sein innig geliebtes Kind mit ihm zusammenwirken. Er kann aber auch der Partner des Teufels sein und sich selbst und der Welt Schaden zufügen.

Die Bibel erzählt die richtungweisende Geschichte von Adam und Eva, den „ersten Menschen". Eine Geschichte, die alle Menschen betrifft, wann und wo immer sie geboren werden.

Eva kennt selbstverständlich das Gebot Gottes. Sie weiß, dass es dabei um Leben und Tod geht. Und trotzdem hört sie auf die Stimme des Verführers: „Sein wie Gott", „das Gute und Böse erkennen", das erscheint ihr verlockend (Gen 3). Sie missbraucht ihre Freiheit und gehorcht dem Gebot Gottes nicht. Die Bibel erläutert das durch ein Bild: Eva isst die Frucht vom verbotenen Baum und gibt davon Adam zu essen. Da öffnen sich ihnen die Augen, sie werden sich ihres bejammernswerten Zustandes, ihrer Schwachheit bewusst. Sie verstecken sich vor Gott und fürchten sich vor dem, der ihr Freund ist.

Durch Eva, die Mutter aller Lebenden, wird diese Schuld an alle ihre Nachkommen übertragen. Ein schweres Erbe, das man die ***Erbsünde*** nennt. „Danach wird jede Sünde Ungehorsam gegen Gott und Mangel an Vertrauen auf seine Güte sein" (KKK 397).

> „Die Schrift zeigt die verhängnisvollen Folgen dieses ersten Ungehorsams. Adam und Eva verlieren sogleich die Gnade der ursprünglichen Heiligkeit. Sie fürchten sich vor Gott, von dem sie sich das Zerrbild eines Gottes gemacht haben, der eifersüchtig auf seine Vorrechte bedacht ist.
>
> Die Harmonie, die sie der ursprünglichen Gerechtigkeit verdankten, ist zerstört; die Herrschaft der geistigen Fähigkeiten der Seele über den Körper ist gebrochen; die Einheit zwischen Mann und Frau ist Spannungen unterworfen; ihre Beziehungen sind gezeichnet durch Begierde und Herrschsucht. Auch die Harmonie mit der Schöpfung ist zerbrochen: die sichtbare Schöpfung ist dem Menschen fremd und feindlich geworden. Wegen des Menschen ist die Schöpfung der Knechtschaft ‚der Vergänglichkeit unterworfen' (Rom 8, 20). Schließlich wird es zu der Folge kommen, die für den Fall des Ungehorsams ausdrücklich vorhergesagt worden war: der Mensch ‚wird zum Erdboden zurückkehren, von dem er genommen ist' (Gen 3, 19). Der Tod hält Einzug in die Menschheitsgeschichte."
>
> KATECHISMUS DER KATHOLISCHEN KIRCHE 399-400

Die Menschen wären verloren, wenn Gott sie nicht liebte und ihnen nicht treu bliebe. Gott duldet nicht, dass seine Schöpfung sich selbst überlassen bleibt; im Gegenteil, er behütet und lenkt die Welt mit seiner göttlichen Vorsehung, und das ist die Quelle unseres unerschütterlichen Vertrauens in Gott, unseren Vater. Wir müssen zuerst ihn suchen, ihn sowie sein Reich und seine Gerechtigkeit, und er wird uns mit allem Nötigen versorgen, denn er weiß, was wir brauchen (vgl. Mt 6, 31-33). Er wird sogar soweit gehen, uns seinen eigenen Sohn zu senden, um uns zu retten. Jesus wird das erläutern: „Gott hat die Welt so sehr geliebt, dass er seinen einzigen Sohn hingab, damit jeder, der an ihn glaubt, nicht zugrunde geht, sondern das ewige Leben hat. Denn Gott hat seinen Sohn nicht in die Welt gesandt, damit er die Welt richtet, sondern damit die Welt durch ihn gerettet wird" (Joh 3, 16-17).

„Woher kommt mir Hilfe?
Meine Hilfe kommt vom Herrn,
der Himmel und Erde gemacht hat.

Er lässt deinen Fuß nicht wanken;
er, der dich behütet, schläft nicht.
Nein, der Hüter Israels
schläft und schlummert nicht.

Der Herr ist dein Hüter,
der Herr gibt dir Schatten;
er steht dir zur Seite.
Der Herr behüte dich vor allem Bösen,
er behüte dein Leben.
Der Herr behüte dich, wenn du fortgehst und wiederkommst,
von nun an bis in Ewigkeit."

PSALM 121, 1-5.7-8

Engel: geistige Wesen, die den Thron Gottes umgeben, Gott huldigen und ihm danken. Sie erfüllen den Willen Gottes dadurch, dass sie die Menschen beschützen und behüten; darum spricht man von „Schutzengeln" (Ps 91, 11). Gott sendet seine Engel als Boten auf die Erde. Gabriel überbringt Maria die Botschaft, dass sie dazu auserwählt ist, die Mutter Jesu zu werden (Lk 1, 26-38). In den Höhen im Umkreis von Betlehem jubilieren in der Weihnachtsnacht die Engel und loben Gott für das Heil, das mit der Menschwerdung des Gottessohnes angebrochen ist (Lk 2, 8-14).

Teufel: Die Bibel benennt den Widersacher Gottes mit zahlreichen Namen, die sein boshaftes Handeln ausdrücken: Satan, Beelzebub, Verführer, Höllenfürst, Vater der Lüge, Fürst dieser Welt.

Erbsünde, Ursünde, Urschuld: Es handelt sich um die Sünde, die von Anfang an das Verhältnis des Menschen zu Gott gefährdet. Alle Menschen sind „Erben" dieser Schuld. „Sie ist eine Sünde, die man ‚miterhalten', nicht aber begangen hat, ein Zustand, keine Tat" (KKK 404). „Infolge der Erbsünde ist die menschliche Natur in ihren Kräften geschwächt, der Unwissenheit, dem Leiden und der Herrschaft des Todes unterworfen und zur Sünde geneigt" (KKK 418). „Indem die Taufe das Gnadenleben Christi spendet, tilgt sie die Erbsünde und richtet den Menschen wieder auf Gott aus, aber die Folgen für die Natur, die geschwächt und zum Bösen geneigt ist, verbleiben im Menschen und verpflichten ihn zum geistlichen Kampf" (KKK 405).

3. Und an Jesus Christus, seinen eingeborenen Sohn, unseren Herrn

Jesus verlässt im Alter von ungefähr dreißig Jahren sein Heimatdorf Nazaret und begibt sich zu ***Johannes dem Täufer*** am Jordanufer. Danach führt er ein Leben als Wanderprediger in den Dörfern und Städten rund um den See von Tiberias. Er verkündet das Evangelium Gottes und sagt: „Die Zeit ist erfüllt, das Reich Gottes ist nahe: Kehrt um und glaubt an das Evangelium!“ (Mk 1, 14-15) Die Menschen, die ihm begegnen, merken sogleich, dass er nicht wie die anderen ist. Sie drängen sich um ihn, sie wollen in seiner Nähe sein, sie wollen hören, was er sagt, und sehen, was er tut. Sie wundern sich und geraten immer wieder in Erstaunen: Dieser Mann spricht von Gott und den Menschen wie einer, der Vollmacht hat, und nicht wie die Lehrer in den ***Synagogen.***

- Jesus sagt zu denen, die zu ihm kommen: Gott liebt euch. Er will euch in die Seligkeit führen. Er verachtet die Armen nicht. Er will denen, die Böses begangen haben, die Schuld vergeben.

- Jesus sagt: Ihr braucht euch vor Gott nicht zu fürchten; liebt ihn! Er will nur eines: dass ihr meiner Frohen Botschaft glaubt.

Jesus sagt:

„Der Menschensohn ist gekommen, um zu suchen und zu retten, was verloren ist.“

EVANGELIUM NACH LUKAS 19, 10

Johannes der Täufer: Sohn des Priesters Zacharias und seiner Frau Elisabet, die bis ins hohe Alter kinderlos geblieben waren. Der Engel Gabriel suchte Zacharias im Tempel von Jerusalem auf, um ihm die Geburt eines Sohnes anzukündigen, der den Namen Johannes tragen sollte - das heißt „Jahwe hat sich erbarmt“ (vgl. Lk 1, 5-21). Johannes der Täufer ist ein von Gott auserwählter Mensch. Er lebt in der Wüste und sagt zu denen, die ihn aufsuchen: „Das Himmelreich ist nahe, kehrt um!“ Er tauft im Jordan zur Vergebung der Sünden und kündigt das Kommen Jesu an, der im Heiligen Geist taufen wird. Er ist der letzte Prophet Israels und, indem er das Volk so auf die Aufnahme des Messias vorbereitet, der „Vorläufer“ Jesu.

Synagoge: So wird das jüdische Gebetshaus genannt. Zur damaligen Zeit fanden die Opfer nur im Tempel von Jerusalem statt. Aber in allen Dörfern und Städten gab es Gebetsstätten, eben die Synagogen.

3.1 Jesus, der Christus

Das jüdische Volk hat eine lange Geschichte mit Gott. Aber es hat auch eine Geschichte mit den Menschen. Es weiß, wenn es untreu ist, überlässt Gott es seinen eigenen Kräften und der Invasion seiner mächtigen Nachbarn. Das Land der Juden wird schließlich von den Römern erobert und besetzt. Viele verlieren die Hoffnung. Sie fragen: Hat Gott uns vergessen? Ist sein Bund nicht mehr gültig? Erinnert er sich nicht mehr daran, dass er uns durch seine Propheten einen Retter versprochen hat? Einen Retter, der uns die Freiheit und die Freude, Mensch zu sein, wiedergibt. Der die Feinde aus unserem Land vertreibt. Der der Gerechtigkeit mehr Bedeutung beimisst als dem Besitz und der sozialen Herkunft. Der den Armen ihre menschliche Würde und den Sklaven ihren Namen wiedergibt. Der uns zeigt, wie wir Gott „in Heiligkeit und Gerechtigkeit vor seinem Angesicht all unsre Tage“ (Lk 1, 75) dienen sollen.

- Wir Christen glauben und verkünden: ***Jesus*** ist der ***Christus,*** der Messias. Gott, sein Vater, hat ihn gesandt und ihn mit seinem Geist gesalbt (Jes 61, 1; Lk 4, 18). Er ist der Erlöser, den Gott für sein Volk und für alle Menschen verheißen hat. Er wird sein Volk von seinen Sünden erlösen (Mt 1, 21). Er ist derjenige, auf den alle frommen Menschen Israels gewartet haben. Er heißt Jesus Christus.

Jesus von Nazaret in Galiläa:
Sohn Gottes, Sohn Mariens,
den Gott zu uns sendet,
der die Menschlichkeit lebt,
der sich der „Kleinen“ annimmt,
der sich vor den „Großen“ nicht fürchtet,
der sie alle retten will.

Weil er aus Liebe zu uns gelitten hat,
können wir unserem Leiden einen Sinn geben.
Weil er Vertrauen in seinen Vater hatte,
ist er die Zuflucht derer, die zweifeln.
Weil er für uns gestorben ist,
hoffen wir auf ihn.
Weil Gott ihn auferweckt hat,
loben wir den Vater und singen:
Halleluja!

Jesus: Der Name Jesus (eine Abkürzung von Jehoshua, Josue) war ein sehr verbreiteter Name in Israel. Er bedeutet: Gott (Jahwe) rettet. Jesus erfüllt die in seinem Namen enthaltene Verheißung: Er ist der Retter, er bringt das Heil. Deshalb nennen wir ihn Retter und Erlöser.

Christus: ist die griechische Übersetzung des hebräischen Wortes „Messias", „Gesalbter". Diesen Titel trugen die Könige Israels. Die Könige und die Priester wurden bei ihrer feierlichen Einsetzung mit dem geweihten Öl zum Zeichen dafür gesalbt, dass sie berechtigt waren, im Namen Gottes zu handeln. Wenn Israel von dem „Gesalbten", vom Messias, spricht, handelt es sich um den von Gott gesandten und beschützten König, der das Volk von der römischen Herrschaft befreien und in Jerusalem auf dem Thron Davids regieren soll.
Die Christen bekennen, dass Jesus von Nazaret der Messias, der Sohn Gottes ist. Aber er ist kein gewöhnlicher König. Als Petrus in Cäsarea Jesus als Messias anerkennt, beginnt Jesus mit der Ankündigung seiner Passion: sein Messiaskönigtum wird sich erst am Kreuz wahrhaftig offenbaren, wo er sein Leben für sein Volk hingibt (vgl. KKK 440). Bei der Taufe und bei der Firmung werden die Christen mit dem geweihten Öl (dem heiligen Chrisam) gesalbt: als wirksames Zeichen ihrer Zugehörigkeit zur Gemeinde Jesu Christi, der ihnen seinen Geist schenkt.

> „Der Name Jesu ist das Herz des christlichen Betens. Liturgische Gebete schließen mit der Formel ‚durch [Jesus] Christus, [deinen Sohn,] unseren Herrn ...' Das ‚Ave Maria' gipfelt in ‚Gebenedeit ist die Frucht deines Leibes, Jesus'. Das ostkirchliche Herzensgebet, das sogenannte Jesusgebet, lautet: ‚Herr Jesus Christus, Sohn Gottes, hab' Erbarmen mit mir Sünder!'. Viele Christen sterben, wie die heilige Jeanne d'Arc, mit dem Wort ‚Jesus' auf den Lippen."
>
> KATECHISMUS DER KATHOLISCHEN KIRCHE 435

3.2 Jesus Christus, Sohn Gottes

Jesus Christus, der Messias, spricht von Gott wie keiner der anderen, sondern auf eine direkte und intime Weise. In allem, was er sagt oder tut, ist er eins mit dem Vater. Er kennt den Willen Gottes. Deshalb kann er den Gesetzeslehrern widersprechen, wenn diese im Namen Gottes die Freiheit der ihnen anvertrauten Menschen einschränken und ihnen das Leben schwer machen.

Jesus bringt die Menschen Gott näher. Er heilt die Kranken, er isst zusammen mit den ***Zöllnern*** und meidet jene nicht, die wegen ihrer Behinderungen aus der Gemeinschaft und von den religiösen Zeremonien ausgeschlossen sind. Er vergibt im Namen Gottes denen, die sich etwas haben zuschulden kommen lassen, und vertraut darauf, dass sie ihr Leben ändern.

Viele Männer und Frauen begegnen Jesus. Die einen fragen: Wer ist dieser Mensch? Vielleicht ein Prophet Gottes? Andere staunen und glauben an ihn. Die einen fragen misstrauisch: Wer hat ihm diese Macht gegeben? Andere nennen ihn Gotteslästerer. Wieder andere fragen besorgt: „Wird der Messias, wenn er kommt, mehr Zeichen tun, als dieser getan hat?“ (Joh 7, 31)

Aber alle spüren, unabhängig von ihrer Meinung, dass sein Wesen auf geheimnisvolle Weise mit Gott in Verbindung steht.

Wenn man in Israel von einem Menschen sagen wollte, dass er besonders gottverbunden war, sagte man: Das ist ein „Gottessohn“. Und weil Gott Israel besonders auserwählt hat, nennt er das ganze Volk „meinen erstgeborenen Sohn“ (Ex 4, 22). Am Tag ihrer Einsetzung und Salbung vernahmen die Könige Israels, die das Volk im Namen Gottes, des Königs, beherrschten, die Worte: „Du bist mein Sohn“ (Ps 2, 7). Wenn wir sagen: „Jesus ist der ***Sohn Gottes***“, wollen wir damit viel mehr sagen. Jesus ist Gott selbst, der Sohn des Vaters. Was sein Verhältnis zum Vater betrifft, so gibt es unter den Menschen nichts Vergleichbares. Diesen Tatbestand unterstreichen die Evangelisten, wenn sie bezeugen, dass Gott selbst Jesus in zwei entscheidenden Augenblicken seines Erdenlebens als seinen „vielgeliebten Sohn“ anerkannt hat: bei seiner Taufe im Jordan, bevor Jesus sein öffentliches Leben begann (Mk 1, 9-11), und auf dem Berg der Verklärung, bevor Jesus vom Berg hinabstieg nach Jerusalem, um dort zu leiden und zu sterben (Mk 9, 2-10).

Als Petrus, der Erste der ***Apostel,*** bekennt: „Du bist der Messias, der Sohn des lebendigen Gottes“ (Mt 16, 16), antwortet ihm Jesus: „Selig bist du, Simon Barjona; denn nicht Fleisch und Blut haben dir das offenbart, sondern mein Vater im Himmel.“

Jesus sagt zu Nikodemus:

„Gott hat die Welt so sehr geliebt,
dass er seinen einzigen Sohn hingab,
damit jeder, der an ihn glaubt, nicht zugrunde geht,
sondern das ewige Leben hat.“

EVANGELIUM NACH JOHANNES 3, 16

Zöllner: Sie treiben im Auftrag der römischen Besatzungsmacht die Steuern ein und sichern sich so ihr eigenes Einkommen. Oft fordern sie zuviel. Man verachtet sie und will nichts mit ihnen zu tun haben.

Sohn Gottes: Jesus ist Gottes Sohn, denn er ist die zweite Person der Heiligen Dreifaltigkeit, der Sohn des Vaters. Wie es die Kirche im Glaubensbekenntnis lehrt, ist er „Gott von Gott, Licht vom Licht, wahrer Gott vom wahren Gott, gezeugt, nicht geschaffen, eines Wesens mit dem Vater".

Apostel: Apostel bedeutet „Gesandter", „Bote". Jesus, der Gesandte des Vaters, wählt aus der Menge seiner Jünger zwölf Männer aus: Simon Petrus, Jakobus und Johannes (die Söhne des Zebedäus), Andreas, Philippus, Bartholomäus, Matthäus, Thomas, Jakobus (der Sohn des Alphäus), Thaddäus, Simon der Eiferer und Judas Iskariot, der ihn dann verraten hat (vgl. Mk 3, 16-19). Petrus ist der Erste unter ihnen. In ihnen setzt Jesus seine eigene Sendung fort; er sagt zu ihnen: „Wie mich der Vater gesandt hat, so sende ich euch" (Joh 20, 21). Vgl. KKK 858-860.

3.3 Jesus Christus, unser Herr

Das erste Volk Gottes lebt im Bund mit Gott. Die Propheten erinnern die Könige unaufhörlich daran, dass sie in seinem Namen regieren sollen. Ihm zu Ehren bringen die Priester Opfer dar. Seine Gebote sind das einzige „Gesetz", das die ganze Welt verpflichtet, die Mächtigen ebenso wie die kleinen Leute. In ihren Gebeten wenden sich die gläubigen Juden an ihren „Herrn". Der Name Jahwe, „Ich-bin-da", ist ihnen so heilig, dass sie ihn aus Furcht, ihn zu entweihen, nicht aussprechen. Sie nennen Gott „Herr" und sagen ihm Dank, weil er seinem Volk nahe, wohlwollend und barmherzig ist und nichts anderes von ihm fordert, als dass es ihn liebt „mit ganzem Herzen, mit ganzer Seele und mit ganzer Kraft" (Dtn 6, 5).

Wenn die Christen nicht nur Gottvater, sondern auch den von den Toten auferstandenen Jesus Christus „Herr" nennen, bekennen sie damit, dass Jesus Gott selbst ist, und sie verkünden, dass sie sein Volk sind und ihren ganzen Glauben auf ihn setzen. Gleichzeitig sagen sie, dass sie einander dienen wollen, wie Jesus es ihnen am Abend vor seinem Leiden aufgetragen hat:

> „Ihr sagt zu mir Meister und Herr, und ihr nennt mich mit Recht so; denn ich bin es. Wenn nun ich, der Herr und Meister, euch die Füße gewaschen habe, dann müsst auch ihr einander die Füße waschen."
>
> EVANGELIUM NACH JOHANNES 13, 13-14

Jesus als Herrn zu bekennen, konnte für die ersten Christen verhängnisvolle Folgen haben. Denn die römischen Kaiser, die „Herren der Welt“, beanspruchten auch diesen Titel. Unzählige Christen (die Märtyrer), Männer und Frauen, haben ihr Leben hingegeben, da sie sich nicht von diesem Glaubensbekenntnis zu Christus Jesus, dem einzigen Herrn, abbringen ließen.

Die Kirche Christi beginnt die Eucharistiefeier mit der griechischen Anrufung „Kyrie eleison“, Herr, erbarme dich. Und im Gloria, dem Lobgesang, bekennt sie: „Denn du allein bist der Heilige, du allein der Herr, du allein der Höchste: Jesus Christus, mit dem Heiligen Geist, zur Ehre Gottes des Vaters.“

> „ ‚Herr‘ bezeichnet die göttliche Herrschergewalt. Jesus als Herrn bekennen und anrufen heißt an seine Gottheit glauben. ‚Keiner kann sagen: Jesus ist der Herr!, wenn er nicht aus dem Heiligen Geist redet‘ (1 Kor 12, 3).“
>
> KATECHISMUS DER KATHOLISCHEN KIRCHE 455

Daran erkennt man einen Christen:

„Wenn du mit deinem Mund bekennst: ‚Jesus ist der Herr‘
und in deinem Herzen glaubst: ‚Gott hat ihn von den Toten
auferweckt‘, so wirst du gerettet werden.“

BRIEF AN DIE RÖMER 10, 9

4. Empfangen durch den Heiligen Geist, geboren von der Jungfrau Maria

Wir glauben und bekennen, dass Jesus von Nazaret der Sohn Gottes ist. Er lebt seit jeher in der Herrlichkeit des Vaters. Er kommt in die Welt und wird uns gleich, Fleisch gewordene Offenbarung der Liebe des Vaters. Eine Liebe, die alles übersteigt, was Menschen sich vorstellen und aussprechen können.

Die Theologen und die Jünger Jesu sprechen jeder auf seine eigene Weise vom Geheimnis der Inkarnation oder Menschwerdung. Der heilige Johannes beginnt sein Evangelium mit einem Hymnus auf Christus, der verkündet: „Das Wort ist Fleisch (das heißt: ‚Mensch') geworden und hat unter uns gewohnt, und wir haben seine Herrlichkeit gesehen" (Joh 1, 14).

Im Brief an die Philipper zitiert der heilige Paulus einen Taufhymnus, der die Menschwerdung des Gottessohnes Jesus Christus als eine Bewegung von „oben" nach „unten" (das heißt: von Gott zu den Menschen) beschreibt, die wieder nach „oben" zurückkehrt: „Er war Gott gleich ... er wurde wie ein Sklave und den Menschen gleich ... er erniedrigte sich und war gehorsam bis zum Tod, bis zum Tod am Kreuz. Darum hat ihn Gott über alle erhöht und ihm den Namen verliehen, der größer ist als alle Namen, damit alle im Himmel, auf der Erde und unter der Erde ... und jeder Mund bekennt: Jesus Christus ist der Herr" (Phil 2, 6-11).

In seinem Brief an die Galater beschreibt der heilige Paulus das „Leben Jesu" in einem einzigen Satz: „Als aber die Zeit erfüllt war, sandte Gott seinen Sohn, geboren von einer Frau und dem Gesetz unterstellt ..., damit wir die Sohnschaft erlangen" (Gal 4, 4-5).

Der heilige Johannes wendet sich noch direkter an seine Gemeinde: „Gott hat seinen einzigen Sohn in die Welt gesandt, damit wir durch ihn leben ... Wir haben gesehen und bezeugen, dass der Vater den Sohn gesandt hat als den Retter der Welt" (1 Joh 4, 9.14).

Zwei Evangelisten, der heilige Matthäus und der heilige Lukas, erzählen, wie Jesus in die Welt gekommen ist. Sie beginnen ihr Buch mit dem „Evangelium von der Kindheit Jesu" (Mt 1-2; Lk 1-2).

Empfangen durch den Heiligen Geist

4.1 Der Sohn Gottes kommt in die Welt

Mit der Geburt Jesu beginnt in der Geschichte der Menschen mit Gott ein neues Zeitalter. Deshalb zählt unser Kalender die Jahre „nach Jesus Christus". In der Person des Jesus von Nazaret ist der Sohn Gottes - Gott selbst - in die Welt gekommen, um unser Bruder zu sein. Deshalb kann man seine Geburt nicht erwähnen, ohne Gott zu erwähnen. Auch Matthäus und Lukas können von der Geburt Jesu nicht berichten, als würden sie von der Geburt irgendeines beliebigen Kindes erzählen. Sie bezeugen in ihrem Evangelium nicht nur, was geschehen ist, sondern - um Zeugnis zu geben für die volle Wahrheit - auch, was das Geschehen im göttlichen Plan bedeutet. Beide Evangelisten betonen mit Nachdruck, dass Jesus, der Retter, von einer Jungfrau durch die Kraft des Heiligen Geistes geboren wurde.

- Der heilige Lukas erzählt, dass Gott den Engel Gabriel zur Jungfrau Maria nach Nazaret sandte. Er wandte sich an sie mit den Worten: „Sei gegrüßt, du **Begnadete**", und sagte, sie werde kraft des Geistes Gottes zur Mutter werden: „Der Heilige Geist wird über dich kommen, und die Kraft des Höchsten wird dich überschatten" (Lk 1, 35). Der heilige Lukas bezeugt, dass Maria den Plan Gottes annimmt und fest daran glaubt, dass für Gott nichts unmöglich ist. Er erzählt, dass Maria und Josef nach Betlehem gehen und wie die Stadt des Königs David zum Geburtsort Jesu wird. Er spricht von den Hirten, über denen sich in der Nacht der Erfüllung der Himmel öffnet, und vom Lobgesang der Engel, der auf der Erde erklingt, und wiederum von Hirten aus dem jüdischen Volk, die Maria, Josef und das Kind finden (vgl. Lk 2, 1-20).

- Der heilige Matthäus erzählt von der Prüfung, der sich Josef - der Zimmermann, mit dem Maria verlobt war - ausgesetzt sah, als er entdeckte, dass sie ein Kind erwartete. Erst nachdem er mit sich selbst gerungen und den schmerzlichen Entschluss gefasst hatte, der ihm am richtigsten schien - nämlich seine Braut zu entlassen -, erfuhr er im Traum, was Gott von ihm erwartete: Er, ein Nachkomme des großen Königs David, soll dem Sohn Gottes seinen Namen geben, ihm den Zugang zur Familie Davids eröffnen und ihm als Vater fürsorglich dienen (vgl. Mt 1, 18-24). Matthäus hat erkannt, dass die Mehrheit seines eigenen Volkes nicht an Jesus geglaubt hat. Aber er hat auch erkannt, dass es unter allen Völkern der Erde Menschen gibt, die sich auf die Suche nach Jesus aufmachen und ihn finden. Und das nicht erst nach seinem Tod und seiner Auferstehung! Darum spricht er von dem Stern, der die Weisen aus dem Morgenland von weit her nach Betlehem führt, um Jesus, dem König der Juden, ihre Gaben zu bringen. Der heilige Matthäus berichtet auch, dass Herodes, der in Jerusalem regiert, das Jesuskind töten wollte. So fliehen Maria und Josef mit dem Kind nach Ägypten (vgl. Mt 2).

Geboren von der Jungfrau Maria

Die Verkündigung der Engel in der Weihnachtsnacht:

„Heute ist euch in der Stadt Davids ein Retter geboren,
er ist der Messias, der Herr."

EVANGELIUM NACH LUKAS 2, 11

Gnade: Gott ist heilig, er ist ewig, er ist in sich vollkommen. Der Mensch ist sterblich, er ist Sünder, unvollkommen - aber er ist offen für Gott. Trotzdem gäbe es keine Geschichte des Menschen mit Gott, würde nicht der ewige und heilige Gott dem Menschen die Möglichkeit zu einer Begegnung anbieten und durch diese sich selber darbringen. Dieses Geschenk Gottes meinen wir, wenn wir von „Gnade" sprechen. Kein Mensch kann sich die „Gnade" verdienen; es handelt sich um eine freie und ungeschuldete Gabe Gottes, der in seiner Freiheit das Heil aller Menschen will (vgl. 1 Tim 2, 4). Doch der Mensch kann sich ihr verweigern. Die Gnade Gottes macht uns ihm ähnlich: „Die Gnade ist eine *Teilhabe* am Leben Gottes; sie führt uns in das Innerste des dreifaltigen Lebens" (KKK 1997); wir werden zu Söhnen und Töchtern Gottes, zu Miterben Christi, berufen zum ewigen Leben von Angesicht zu Angesicht mit Gott. „Durch Gottes Gnade bin ich, was ich bin" (1 Kor 15, 10). Es gibt Menschen, denen Gott einen besonderen Dienst anvertraut, für den er ihnen eine besondere Gnade schenkt.

4.2 Maria, die Mutter Jesu

Die Mutter spielt im Leben jedes Menschen eine entscheidende Rolle. Sollte es bei Jesus anders gewesen sein? Zwar spricht er häufiger vom Vater - dem Vater im Himmel. Und selbst in den Schriften des Neuen Testamentes wird Maria nur selten erwähnt. Man kann sich jedoch mit Recht die Frage stellen: Was war das für eine Frau, die Jesus das Leben geschenkt und ihn begleitet hat?

- Ein junges Mädchen aus Nazaret, das mit dem Zimmermann Josef verlobt ist. Zum Zeitpunkt der Verlobung wahrscheinlich knapp 14 Jahre alt, wie es damals herrschender Brauch war. Ein junges Mädchen, das erschrickt, als der Engel des Herrn zu ihr kommt und zu ihr spricht. Sie hört den Gruß und erfährt, dass sie „voll der Gnade" ist. Der Engel erklärt ihr ihre Erwählung durch Gott. Sie spricht nicht bedenkenlos ihr „Fiat" (= ja). Sie bringt ihren Einwand vor: „Wie soll das geschehen ...?" Darauf empfängt sie ihre Berufung, den Sohn Gottes zu gebären, obwohl sie Jungfrau ist, denn „für Gott ist nichts unmöglich". Darum fügt sie hinzu: „Mir geschehe, wie du es gesagt hast" (vgl. Lk 1, 34.37-38).

- Die Jungfrau Maria, die ihr Kind erwartet, ist zusammen mit Josef auf dem Weg nach Betlehem. Ihr Kind kommt „fern von zu Hause" unter schwierigen Umständen und von allen unbeachtet zur Welt. Als die Hirten - die auch arme Leute waren - kommen, um Gott dafür zu loben, was er für sein Volk getan hat, hört Maria aufmerksam zu. Sie bewahrt alles sorgfältig in ihrem Herzen und denkt darüber nach (vgl. Lk 2, 15-19).

- Vierzig Tage später bringen Maria und Josef ihren Sohn nach Jerusalem in den Tempel, um ihn, den rituellen Vorschriften entsprechend, dem Herrn zu weihen. Da erkennen ihn Simeon und Hanna, zwei Personen, die es kaum erwarten können, das Kommen des Messias zu erleben. Simeon preist Gott, weil er ihn „das Heil" mit eigenen Augen sehen ließ. Und an Maria gewandt, fügt er hinzu: ... dieses Kind wird ein Zeichen sein, dem widersprochen wird ... Dir selbst aber wird ein Schwert durch die Seele dringen (vgl. Lk 2, 22-38).

- Als Jesus zwölf Jahre alt ist, hält er sich in Begleitung seiner Eltern zum Paschafest in Jerusalem auf. Auf dem Rückweg bemerken Maria und Josef, dass Jesus nicht mehr bei ihnen ist. Sie suchen ihn drei Tage lang, wie Eltern ihr verschwundenes Kind suchen. Sie finden ihn im Tempel und hören ihn vom „Haus seines Vaters" reden. Und der Evangelist Lukas wiederholt: „Seine Mutter bewahrte alles, was geschehen war, in ihrem Herzen" (Lk 2, 51).

- Jesus ist ungefähr dreißig Jahre alt. Er führt mit seinen Jüngern ein Leben als Wanderprediger. In Kana in Galiläa wird er zu einer Hochzeit eingeladen. Auch Maria gehört zu den Gästen. Sie bemerkt, dass kein Wein mehr da ist, und bittet Jesus indirekt um Hilfe: „Sie haben keinen Wein mehr." Sie glaubt an seine Hilfe, obwohl er ihr antwortet: „Meine Stunde ist noch nicht gekommen." Sie fordert die Diener auf, zu tun, was er ihnen sagt. Sie hatte nicht umsonst vertraut: Es gab dort sechs steinerne Wasserkrüge, von denen jeder ungefähr hundert Liter fasste. Jesus sagt zu den Dienern, sie sollen diese Krüge mit Wasser füllen. Das tun sie, und als der für das Festmahl Verantwortliche es kostet, stellen sie fest, dass sich das Wasser in Wein verwandelt hat. Das war - so berichtet uns der Evangelist Johannes - das erste „Zeichen", das Jesus getan hat. Die Jünger waren Zeugen und glaubten an ihn (vgl. Joh 2, 1-11).

- Jesus hat sein Elternhaus in Nazaret verlassen. Er hat seine eigene „Familie" um sich gesammelt. Eines Tages, als sich die Menge um ihn drängt, sagt jemand zu ihm: „Deine Mutter und deine Brüder (Verwandte) stehen draußen und wollen mit dir sprechen." Da weist Jesus mit der Hand auf seine Jünger und antwortet: „Das hier sind meine Mutter und meine Brüder; denn wer den Willen meines himmlischen Vaters erfüllt, der ist für mich Bruder und Schwester und Mutter" (Mt 12, 46-50).

Sie finden ihn im Tempel und hören ihn vom
„Haus seines Vaters“ reden

- Für den Evangelisten Johannes hat alles, was Jesus sagt und tut, einen verborgenen Sinn. Das gilt auch für die Stelle, wo er davon berichtet, dass Maria und der Jünger, den Jesus liebte, am Fuße des Kreuzes stehen. Jesus sagt zu seiner Mutter: „Frau, siehe, dein Sohn", und zu seinem Jünger: „Siehe, deine Mutter." Von jener Stunde an nimmt der Jünger Maria zu sich (Joh 19, 25-27). So wird die Mutter Jesu die Mutter aller Christen.

- Ein letztes Mal ist von Maria beim Pfingstfest die Rede. Nach Jesu Auferstehung und Himmelfahrt befinden sich die Jünger gemeinsam in Jerusalem. Sie beten und warten darauf, dass ihnen der Beistand von oben gesandt wird. „Und man sieht Maria mit ihren Gebeten die Gabe des Geistes erflehen, der sie schon bei der Verkündigung überschattet hatte" (II. Vatikanisches Konzil, *Lumen gentium* 59). Maria, die Mutter Jesu, befindet sich unter den Jüngern, als die Kirche ihres Sohnes geboren wird (vgl. Apg 1, 12-14). Sie ist die Mutter der Kirche.

Maria verkündet:

„Meine Seele preist die Größe des Herrn,
und mein Geist jubelt über Gott, meinen Retter.
Denn auf die Niedrigkeit seiner Magd hat er geschaut.
Siehe, von nun an preisen mich selig alle Geschlechter.
Denn der Mächtige hat Großes an mir getan,
und sein Name ist heilig.
Er erbarmt sich von Geschlecht zu Geschlecht
über alle, die ihn fürchten.
Er vollbringt mit seinem Arm kraftvolle Taten
und zerstreut, die im Herzen voll Hochmut sind;
er stürzt die Mächtigen vom Thron und erhöht die Niedrigen.
Die Hungernden beschenkt er mit seinen Gaben
und lässt die Reichen leer ausgehen.
Er nimmt sich seines Knechtes Israel an
und denkt an sein Erbarmen,
das er unsern Vätern verheißen hat,
Abraham und seinen Nachkommen auf ewig."

EVANGELIUM NACH LUKAS 1, 46-55

4.3 Maria, die Mutter der Kirche

Die Christen verehren Maria, die Mutter ihres Herrn; in jeder Kirche findet man ihr Bild. Unzählige Frauen tragen ihren Namen. „Allzeit Jungfrau", „voll der Gnade", „Magd des Herrn", ihr ganzes Sein ist auf die Kirche, das Werk ihres Sohnes, ausgerichtet. Sie ist ganz Mutter, sie, die „in mütterlicher Liebe" beim Wirken des Heiligen Geistes im Herzen der Menschen „mitwirkt" (*Lumen gentium* 63). Wir wenden uns oft an sie wie Kinder und wir feiern sie ganz besonders an den folgenden vier Festen:

1. Januar: Am ersten Tag jedes Jahres feiern wir das Hochfest der „allerseligsten Gottesmutter Maria". Wir preisen die „heilige Mutter, die der Welt den König geboren hat, der in Ewigkeit herrscht über Himmel und Erde" (Eröffnungsvers) und die „Mutter der Kirche" (Schlussgebet).

25. März: Am Fest der „Verkündigung des Herrn" (neun Monate vor Weihnachten) feiert die Kirche den Herrn und seine Mutter, die, als sie ihre Sendung annimmt, erklärt: „Ich bin die Magd des Herrn: Mir geschehe, wie du es gesagt hast!" (Lk 1, 38)

15. August: Der Tag der Aufnahme Mariens in den Himmel. Wir glauben, dass sie „nach Vollendung ihres Lebenslaufs mit Leib und Seele in die himmlische Herrlichkeit aufgenommen wurde" (*Lumen gentium* 59). In der Anschauung Gottes hat sie bereits voll und ganz das Leben, das auch uns zugedacht ist (vgl. KKK 966).

8. Dezember: An diesem Tag begehen wir das „Hochfest der ohne Erbsünde empfangenen Jungfrau Maria". Der scheinbar komplizierte Ausdruck ist jedoch leicht verständlich: Um die Mutter des Retters zu sein, um die mütterliche Berufung, die ihr der Engel bei der Verkündigung vorlegt, aus freien Stücken annehmen zu können, hat Maria vom ersten Augenblick ihrer Empfängnis an von Gott ungeschuldet den „Glanz einer einzigartigen Heiligkeit" empfangen (*Lumen gentium* 56): im Hinblick auf die Verdienste Jesu, des Retters, ist sie von der Urschuld und allen ihren Folgen unversehrt bewahrt geblieben (vgl. KKK 490-493).

Die Christen verehren die allerseligste Jungfrau Maria auf verschiedene Weise. Sie singen ihr Lobgesänge und bitten die Mutter Jesu um ihre Fürsprache. Überall auf Erden, wo Christen beten, singen sie den Lobgesang Mariens und grüßen sie mit den Worten des Engels.

Gegrüßet seist du, Maria, voll der Gnade,
der Herr ist mit dir.
Du bist gebenedeit unter den Frauen,
und gebenedeit ist die Frucht deines Leibes, Jesus.

Heilige Maria, Mutter Gottes,
bitte für uns Sünder,
jetzt und in der Stunde unseres Todes. Amen.

Maria, Mutter der Kirche

5. Gelitten unter Pontius Pilatus, gekreuzigt, gestorben und begraben

- Jesus sagt:
  „Wir gehen jetzt nach Jerusalem hinauf; dort wird der Menschensohn den Hohenpriestern und den Schriftgelehrten ausgeliefert; sie werden ihn zum Tod verurteilen und den Heiden übergeben; sie werden ihn verspotten, anspucken, geißeln und töten. Aber nach drei Tagen wird er auferstehen."

EVANGELIUM NACH MARKUS 10, 33-34

- Der heilige Petrus erklärt in seiner Pfingstpredigt:
  „Jesus, den Nazoräer, den Gott vor euch beglaubigt hat durch machtvolle Taten, Wunder und Zeichen, die er durch ihn in eurer Mitte getan hat, wie ihr selber wisst - ihn, der nach Gottes beschlossenem Willen und Vorauswissen hingegeben wurde, habt ihr durch die Hand von Gesetzlosen ans Kreuz geschlagen und umgebracht."

APOSTELGESCHICHTE 2, 22-23

„Zum gewaltsamen Tod Jesu kam es nicht zufällig durch ein bedauerliches Zusammenspiel von Umständen" (KKK 599). Er gehört zum Mysterium des Planes Gottes, der „die Welt so sehr geliebt hat, dass er seinen einzigen Sohn hingab" (Joh 3, 16), damit die Welt gerettet werde. Dieses Heil erreicht uns durch das Leiden und Sterben und durch die Auferstehung des Herrn. Wer begreifen will, wie es für Jesus zu diesem schmachvollen Tod am Kreuz kommen konnte, muss das Zeugnis der Evangelisten heranziehen. Jesus wollte seine Apostel vorbereiten und hat ihnen „den Sinn seines Lebens und seines Todes im Licht der Worte vom Gottesknecht gedeutet. Nach seiner Auferstehung gab er diese Schriftdeutung den Emmausjüngern und sodann den Aposteln selbst" (vgl. KKK 601).

Jesus geht frei dem Tod entgegen, während er das Reich Gottes verkündet. Er sieht sich mit Menschen konfrontiert, die seine Botschaft ablehnen und ihn am Ende töten. Die Verantwortung trifft nicht sie allein, denn in gewisser Weise sind alle Menschen aller Zeiten für den Tod Jesu verantwortlich: Durch seine Wunden sind wir geheilt, sagt Jesaja über den Gottesknecht (Jes 53, 5), und wir alle können mit dem heiligen Paulus sagen: Der Sohn Gottes „hat mich geliebt und sich für mich hingegeben“ (Gal 2, 20).

5.1 Für oder gegen Jesus

Die Evangelisten berichten von den Unterweisungen, Zeichen und Wundern Jesu, damit die Menschen erkennen, dass das Reich Gottes nahe ist: Jesus heilt die Kranken, er berührt die Aussätzigen, die daraufhin rein werden, er befreit die Besessenen vom Zugriff des Dämons, kurz, er vollbringt die Taten, die man vom Messias in Israel erwartet. Gleichzeitig spricht Jesus auf eine neue Weise von Gott. Er erzählt Gleichnisse und lehrt so, dass das einfache Volk mit Begeisterung aufnimmt, was er ihnen über den Vater und darüber sagt, wie sie der Liebe des Vaters zu ihnen entsprechen können. So sagt Jesus eines Tages unter dem Einwirken des Heiligen Geistes voll Freude: „Ich preise dich, Vater, Herr des Himmels und der Erde, weil du all das den Weisen und Klugen verborgen, den Unmündigen aber offenbart hast. Ja, Vater, so hat es dir gefallen. Mir ist von meinem Vater alles übergeben worden; niemand weiß, wer der Sohn ist, nur der Vater, und niemand weiß, wer der Vater ist, nur der Sohn und der, dem es der Sohn offenbaren will“ (Lk 10, 21-22).

Jesus findet Jünger, die alles verlassen und ihm in vollem Vertrauen folgen. Aber er wird auch in Frage gestellt und abgelehnt. Seine Anhänger sind meistens die kleinen Leute, die fast keinen Einfluss haben. Unter seinen engsten Gefährten, den Aposteln, befindet sich kein einziger Schriftgelehrter.

Die religiösen Führer, die ***Hohenpriester*** und Schriftgelehrten, achten darauf, dass in Israel jede Häresie (Irrlehre) unterbleibt. Sie beobachten Jesus und die von ihm ausgelöste Bewegung von Anfang an voll Misstrauen.

Als Jesus einem Gelähmten die Sünden erlässt, denken sie im Stillen: „Er lästert Gott! Wer kann Sünden vergeben außer dem einen Gott?“ (Mk 2, 5-7) Als er an einem ***Sabbat*** die verdorrte Hand eines Mannes heilt, protestieren sie: Jesus hält die Vorschriften des Mose nicht mehr ein. Er sündigt. Er darf nicht an einem Sabbat heilen. Sie sinnen nun auf seinen Untergang (vgl. Mk 3, 1-6). Als er einem Besessenen den Dämon austreibt, rufen sie: Er ist selber besessen, sonst hätte er nicht Macht über die Dämonen (vgl. Mk 3, 22). Auch in Naïn, als er einem Trauerzug begegnet, bleibt Jesus nicht teilnahmslos. Er tritt an die Bahre heran und erweckt den Toten wieder zum Leben (vgl. Lk 7, 11-17). Wo Jesus auftritt, wird Kummer gelindert, der Tod weicht vor dem Leben zurück.

Die einen sagen: „Er ist ein guter Mensch", ja, „er ist ein Prophet" oder gar „das ist der Messias". Die anderen sagen: „Nein, er führt das Volk in die Irre" (vgl. Joh 7, 12.40-43).

Die ***Pharisäer*** und Schriftgelehrten wollen Jesus eine Falle stellen. Sie schicken Boten mit dem Auftrag aus, ihn auszuhorchen. Aber diese können nichts Negatives über ihn berichten. Da die Pharisäer und Schriftgelehrten nicht glauben können, dass Jesus der Messias ist, werden sie ihm gegenüber feindselig und beschließen, ihm einen Prozess zu machen, indem sie ihn der Gotteslästerung anklagen, um ihn zum Tod verurteilen zu lassen.

Als der Hohepriester Jesus fragt: „Bist du der Messias, der Sohn des Hochgelobten?", antwortet Jesus: „Ich bin es. Und ihr werdet den Menschensohn zur Rechten der Macht sitzen und mit den Wolken des Himmels kommen sehen." Da zerreißt der Hohepriester sein Gewand und sagt: „Wozu brauchen wir noch Zeugen? Ihr habt die Gotteslästerung gehört. Was ist eure Meinung?" Alle fällen einstimmig das Urteil, dass er mit dem Tod bestraft werden müsse (Mk 14, 61-64).

Jesus hat oft seine Identität und seine Sendung beteuert. Er hat das schon zu Beginn seines Wirkens in Nazaret getan und ist damit bereits bei seinen Landsleuten auf Widerstand gestoßen:

„So kam Jesus auch nach Nazaret, wo er aufgewachsen war, und ging, wie gewohnt, am Sabbat in die Synagoge. Als er aufstand, um aus der Schrift zu lesen, reichte man ihm das Buch des Propheten Jesaja. Er schlug das Buch auf und fand die Stelle, wo es heißt:

Der Geist des Herrn ruht auf mir;
denn der Herr hat mich gesalbt.
Er hat mich gesandt, damit ich den Armen eine gute Nachricht bringe;
damit ich den Gefangenen die Entlassung verkünde
und den Blinden das Augenlicht;
damit ich die Zerschlagenen in Freiheit setze
und ein Gnadenjahr des Herrn ausrufe.

Dann schloss er das Buch, gab es dem Synagogendiener und setzte sich. Die Augen aller in der Synagoge waren auf ihn gerichtet. Da begann er ihnen darzulegen:

Heute hat sich das Schriftwort, das ihr eben gehört habt, erfüllt."

EVANGELIUM NACH LUKAS 4, 16-21

Hoherpriester: der wichtigste und einflussreichste Priester, Vorsitzender des Hohen Rates (Sanhedrin), Vermittler zwischen den Juden und der römischen Besatzungsmacht, der er seine Einsetzung verdankt. In den Jahren 6 bis 15 nach Christus war Hannas Hoherpriester in Jerusalem; von 18 bis 36 n. Chr. bekleideten seine fünf Söhne und sein Schwiegersohn Kajaphas dieses Amt. Als nun die Führer der Juden berieten, was mit Jesus geschehen sollte, sagte Kajaphas zu ihnen: „Ihr versteht überhaupt nichts. Ihr bedenkt nicht, dass es besser für euch ist, wenn ein einziger Mensch für das Volk stirbt, als wenn das ganze Volk zugrunde geht." Der heilige Johannes kommentiert diese Worte in seinem Evangelium: „Das sagte er nicht aus sich selbst, sondern weil er der Hohepriester jenes Jahres war, sagte er aus prophetischer Eingebung, dass Jesus für das Volk sterben werde. Aber er sollte nicht nur für das Volk sterben, sondern auch, um die versprengten Kinder Gottes wieder zu sammeln" (Joh 11, 49-52).

Sabbat: Der siebte Wochentag ist bei den Juden ein Feiertag mit Besuch des Gottesdienstes (in den Synagogen). Im Laufe der Jahrhunderte kam es zu einer Anhäufung der Vorschriften hinsichtlich dessen, was an diesem Tag absoluter Ruhe erlaubt bzw. verboten war.

Pharisäer: Der Name bedeutet „die Abgetrennten". Eine politisch-religiöse Partei aus frommen Männern, die für die strenge Einhaltung der mosaischen Vorschriften eintreten und sie in ihrem eigenen Leben befolgen. Jesus hat bei vielen von ihnen ihr religiöses Überlegenheitsgefühl getadelt, während sie nicht bereit waren, das Werk Gottes, das sich in ihm erfüllte, anzuerkennen.

5.2 Der Neue Bund

Die Evangelien vom Leiden, vom Tod und von der Auferstehung Jesu sind die ältesten und heiligsten Texte der Kirche. Jedes Jahr gedenkt sie während der Karwoche der letzten Tage Jesu in Jerusalem.

Am ***Palmsonntag*** kommt Jesus in Begleitung seiner Jünger nach Jerusalem, um hier das ***Paschafest*** zu feiern. Er zieht, auf einem Esel sitzend, in die Stadt ein; er kommt als Friedenskönig, wie der Prophet Sacharja angekündigt hatte (9, 9). Das Volk bejubelt ihn als den Sohn Davids, das heißt als den Messias (vgl. Mk 11, 8-10). Er lehrt im Tempel. Judas, einer der zwölf Apostel, lässt sich bestechen und ist bereit, ihn zu verraten.

Am Donnerstag (***Gründonnerstag***) feiert Jesus mit seinen Jüngern das Paschamahl. Nach altem Brauch opferten die Juden das Paschalamm zum Gedächtnis an jenes Lamm, das in der Nacht vor dem Auszug aus Ägypten verzehrt worden war. Das Blut dieses Lammes war auf die Türpfosten gestrichen worden, um das Volk vor dem Tod zu retten, der in jener Nacht sämtliche ägyptische Familien heimsuchte.

Jesus weiß, dass seine Stunde gekommen ist, um aus dieser Welt zum Vater hinüberzugehen. Da er die Seinen liebt, erweist er ihnen seine Liebe bis zur Vollendung (Joh 13, 1). Er macht dieses letzte Mahl mit seinen Aposteln „zur Gedenkfeier der freiwilligen Hingabe seiner selbst an den Vater zum Heil der Menschen" (KKK 610). In Vorahnung des Opfers, das er schon bald am Kreuz erbringen wird, nimmt er das Brot, bricht es und reicht es ihnen mit den Worten: „Das ist mein Leib, der für euch hingegeben wird." Dann nimmt er den Kelch, reicht ihn seinen Jüngern und sagt: „Nehmt und trinkt alle daraus. Das ist der Kelch des neuen und ewigen Bundes, mein Blut, das für euch und für viele vergossen wird zur Vergebung der Sünden. Tut dies zu meinem Gedächtnis."

Jesus gibt dem jüdischen Pascha einen neuen Sinn. Es werden nicht mehr Tiere als Opfer dargebracht. Jesus selbst gibt sich freiwillig für das Heil der Welt hin. Damit seine Jünger durch ihren Glauben das Leben empfangen, gibt Jesus ihnen in Gestalt von Brot und Wein seinen Leib zu essen und sein Blut zu trinken. So stiftet er den Neuen Bund, den er mit seinem Blut besiegelt.

Mit der Aufforderung an die Apostel, „dies" zu seinem Gedächtnis zu tun, nimmt er sie in seine eigene Hingabe hinein und fordert sie auf, sie weiterzuführen. Er setzt sie zu Priestern des Neuen Bundes ein (vgl. KKK 611).

Der heilige Johannes erzählt, dass Jesus bei diesem letzten Mahl, am Vorabend seines Todes, sich vor seinen Jüngern niederkniet, um ihnen die Füße zu waschen. Er tut dies, damit sie anhand eines Beispiels die Ordnung des Neuen Bundes begreifen: Wer „groß" ist, mache sich „klein", wie Jesus es getan hat, um seinen Brüdern und Schwestern zu dienen.

Weil er sich hingibt,
können wir uns hingeben.
Weil er teilt,
können wir teilen.
Weil er gekommen ist, um zu dienen,
können wir dienen.
Weil er stirbt,
können wir leben.
Weil er den Bund mit seinem Blut besiegelt,
sind wir Kinder Gottes
und werden in ihm zu Brüdern und Schwestern.

Palmsonntag: Die Kirche feiert den triumphalen Einzug Jesu in Jerusalem unmittelbar vor seinem Tod. In vielen Pfarreien finden Prozessionen statt. An diesem Tag wird als Evangelium der gesamte Bericht vom Leiden und Sterben des Herrn gelesen.

Pascha: damals und noch heute das größte jüdische Fest. Es erinnert an die erste Paschanacht, als Gott sein Volk Israel vom Joch der ägyptischen Knechtschaft erlöste, um es in die Freiheit zu führen. Für seinen Tod und seine Auferstehung um des Heils der Welt willen wählt Jesus dieses Fest. So eröffnet er den Neuen Bund, indem er das, was Gott im Ersten Bund mit dem jüdischen Volk begonnen hat, zur endgültigen Vollendung bringt.

Gründonnerstag: Am Morgen dieses Tages weiht der Bischof das heilige Chrisam, das als Salböl für Taufen, Firmungen und Priesterweihen verwendet wird. Die Pfarreien feiern am Abend das Gedächtnis des Paschamahles. Wir empfangen den Leib und das Blut Christi, die Eucharistie, die uns mit dem Heiligen Geist erfüllt, uns mit dem Opfer Jesu verbindet, uns zum ewigen Leben mit dem auferstandenen Christus führt und uns zu Brüdern und Schwestern in der Liebe und im Dienst macht.

5.3 Den Menschen ausgeliefert

Nach dem Mahl zieht sich Jesus in den Garten Getsemani auf dem Ölberg zurück. Seine Jünger begleiten ihn. Als sie im Garten angekommen sind, sagt Jesus zu ihnen: „Bleibt hier, während ich dort beten will.“ Er nimmt Petrus, Jakobus und Johannes mit sich und sagt zu ihnen: „Meine Seele ist zu Tode betrübt; bleibt hier und wacht mit mir.“ Er geht ein Stück weiter, wirft sich mit dem Gesicht auf die Erde und betet: „Mein Vater, wenn es möglich ist, gehe dieser Kelch an mir vorüber. Aber nicht wie ich will, sondern wie du willst.“ Danach kommt er zu seinen Jüngern zurück und findet sie schlafend. Er weckt sie auf und sagt zu Petrus: „Konntet ihr nicht einmal eine Stunde mit mir wachen?“ Dann verlässt er sie zum zweiten Mal, um allein zu beten. Als er zurückkommt, findet er sie abermals schlafend. Ein drittes Mal entfernt er sich in der Nacht, um zu beten. Danach weckt er seine Jünger auf und sagt zu ihnen: „Schlaft ihr immer noch und ruht euch aus? Die Stunde ist gekommen; jetzt wird der Menschensohn den Sündern ausgeliefert.“ Von außen gesehen ist Jesus gescheitert: die Menschen lehnen ihn und mit ihm seine Botschaft ab. Aber er weiß um seine Sendung und bleibt dem treu, der ihn gesandt hat. Er sucht keine Ausflüchte, er nimmt nichts zurück. Für das Heil der Welt gibt er freiwillig sein Leben hin und nimmt den Tod auf sich.

Und er braucht nicht lange zu warten. Da kommt schon Judas, einer der zwölf Apostel, mit einer Gruppe bewaffneter Männer zum Garten Getsemani. Sie verhaften Jesus und führen ihn dem Hohenpriester zum Verhör vor. Als die Mitglieder des ***Hohen Rates*** (***Sanhedrin***) Jesus fragen: „Bist du der Sohn Gottes?", antwortet er: „Ihr sagt es, ich bin es." Am Morgen führen sie Jesus dem Pontius Pilatus vor, der in den Jahren 26 bis 36 nach Christus römischer Statthalter von Judäa war. Sie beschuldigen Jesus: „Er führt gotteslästerliche Reden, denn er behauptet, der Sohn Gottes zu sein!" Pilatus lässt Jesus geißeln. Die Soldaten setzen ihm eine Dornenkrone auf, legen ihm ein rotes Gewand an, schmähen und schlagen ihn. Pilatus zögert, ihn zu verurteilen, bis er schließlich das Urteil spricht: Jesus soll am Kreuz sterben.

Jesus trägt sein Kreuz bis zu dem außerhalb der Stadtmauer von Jerusalem gelegenen Hügel Golgota. Am ***Karfreitag,*** zur Mittagsstunde, hängt er am Kreuz zwischen zwei Verbrechern, die zugleich mit ihm hingerichtet werden. Um die neunte Stunde (um 15 Uhr) stößt er einen lauten Schrei aus und gibt seinen Geist auf.

Die Evangelisten bezeugen das Geschehen. Damit beglaubigen sie, dass all dies den Plan Gottes verwirklicht und die Erlösung vollendet hat. Jesus ist den Menschen ausgeliefert worden und bleibt dennoch in Gottes Hand. Er leidet und stirbt für unser Heil.

Der heilige Johannes, der unter dem Kreuz stand, berichtet uns von einem Ereignis, dem er sehr große Bedeutung zuschreibt: Um sicher zu sein, dass Jesus wirklich tot ist, stößt ihm ein Soldat seine Lanze in die Seite. Und aus dem Herzen Jesu fließen sogleich Blut und Wasser heraus. Johannes gibt davon Zeugnis, damit wir wirklich glauben, dass Jesus die Quelle ist, die uns das Leben schenkt. Er legt uns dar, dass dies vom Propheten Sacharja angekündigt worden war, indem er sagte: „Sie werden auf den blicken, den sie durchbohrt haben ... An jenem Tag wird für das Haus David und für die Einwohner Jerusalems eine Quelle fließen zur Reinigung von Sünde und Unreinheit" (Sach 12, 10 und 13, 1). Johannes hat auch das Wort von Jesus überliefert: „Wer Durst hat, komme zu mir, und es trinke, wer an mich glaubt." Und Johannes fügt kommentierend hinzu: „Wie die Schrift sagt: Aus seinem Inneren werden Ströme von lebendigem Wasser fließen" (Joh 7, 37-39).

Die Liebe Gottes zu uns Menschen wird im Leiden und Sterben Christi offenbar, aus seinem Tod entspringt das Leben: Geheimnis des Glaubens.

Die Boten Christi bezeugen:

- Er, unser Mittler: Er hat sich als Lösegeld hingegeben für alle (1 Tim 2, 5-6).

- Er, das Lamm Gottes: Er nimmt die Sünde der Welt hinweg (Joh 1, 29).
- Er, der Sohn Gottes: Durch seinen Tod sind wir mit Gott versöhnt (Röm 5, 10).
- Er, der gehorsame Sohn: Er ist für alle, die ihm gehorchen, zum Urheber des ewigen Heils geworden (Hebr 5, 8-9).
- Er, der Erlöser: In ihm hat Gott den Schuldschein, der gegen uns sprach, durchgestrichen, und seine Forderungen, die uns anklagten, aufgehoben. Er hat ihn dadurch getilgt, dass er ihn an das Kreuz geheftet hat (Kol 2, 14).
- Er, der Heiland, der keine Sünde begangen hat: Durch seine Wunden sind wir geheilt (1 Petr 2, 24).

> „Der Tod Christi ist das österliche Opfer, worin ‚das Lamm Gottes, das die Sünde der Welt hinwegnimmt' (Joh 1, 29), die endgültige Erlösung der Menschen vollzieht. Zugleich ist er das Opfer des Neuen Bundes, das den Menschen wieder in die Gemeinschaft mit Gott versetzt, indem er den Menschen mit Gott versöhnt durch das ‚Blut, ... das für viele vergossen wird zur Vergebung der Sünden' (Mt 26, 28)."
>
> KATECHISMUS DER KATHOLISCHEN KIRCHE 613

> „Es gibt keine größere Liebe, als wenn einer sein Leben für seine Freunde hingibt."
>
> EVANGELIUM NACH JOHANNES 15, 13

Hoher Rat (Sanhedrin): die höchste jüdische Behörde, bestehend aus 71 Mitgliedern (Ältesten, Priestern, Schriftgelehrten) unter dem Vorsitz des Hohenpriesters.

Karfreitag: Die Kirche begeht diesen Tag auf eine ganz besondere Weise. Am Nachmittag oder frühen Abend versammeln sich die Gläubigen, um des Leidens und Sterbens des Herrn zu gedenken. Im Wortgottesdienst hören wir das Lied vom Gottesknecht (Jes 52, 13 - 53, 12), einen Ausschnitt aus dem Hebräerbrief und das Zeugnis des heiligen Evangelisten Johannes von der Erhöhung Jesu am Kreuz. Im „großen Fürbittengebet" tragen die Christen - im Namen der ganzen Menschheit - die verschiedenen Gegebenheiten unserer Welt und die großen Bedrängnisse unserer Zeit vor Gott. Danach verehren wir das Kreuz als Zeichen des Heils. Während der Kommunion empfangen wir Christus, das für die Welt hingegebene Brot des Lebens.

Am Karfreitag um die Mittagszeit hängt er am Kreuz

5.4 Begraben

Josef von Arimathäa vermag es nicht hinzunehmen, dass der Leichnam Jesu während des Paschafestes am Kreuz hängen bleibt. Er ist ein einflussreicher Mann, der sich bis jetzt gefürchtet hat, zu erkennen zu geben, dass er ein Jünger Jesu war. Jetzt aber wagt er es. Er geht zu Pilatus und bittet ihn um die Erlaubnis, den Leichnam Jesu vom Kreuz abzunehmen und zu bestatten. Pilatus gibt seine Zustimmung. Josef wickelt den Leichnam Jesu in ein Leichentuch und legt ihn in ein neu in den Felsen gehauenes Grab. Er verschließt das Grab mit einem großen Stein, den er vor den Eingang wälzt. Einige Frauen, die Jesus nach Jerusalem begleitet haben, beobachten die Szene aus der Ferne.

Das Lied vom Gottesknecht im Buch Jesaja:

„Er wurde verachtet und von den Menschen gemieden,
ein Mann voller Schmerzen, mit Krankheit vertraut.
Wie einer, vor dem man das Gesicht verhüllt,
war er verachtet; wir schätzten ihn nicht.
Aber er hat unsere Krankheit getragen
und unsere Schmerzen auf sich geladen.
Wir meinten, er sei von Gott geschlagen,
von ihm getroffen und gebeugt ...
Zu unserem Heil lag die Strafe auf ihm,
durch seine Wunden sind wir geheilt ...
Er wurde misshandelt und niedergedrückt,
aber er tat seinen Mund nicht auf.
Wie ein Lamm, das man zum Schlachten führt ...
Er wurde vom Land der Lebenden abgeschnitten
und wegen der Verbrechen seines Volkes zu Tode getroffen ...
Der sein Leben als Sühnopfer hingab,
er wird Nachkommen sehen und lange leben.
Der Plan des Herrn wird durch ihn gelingen ...

Mein Knecht, der gerechte, macht die vielen gerecht ...
Deshalb gebe ich ihm seinen Anteil unter den Großen ...
weil er sein Leben dem Tod preisgab
und sich unter die Verbrecher rechnen ließ.
Denn er trug die Sünden von vielen
und trat für die Schuldigen ein."

JESAJA 53, 3-12

Wir loben und preisen dich, Gott,
wir danken dir durch Jesus, deinen Sohn.
Er hat mit uns das Leben geteilt,
er hat mit uns den Tod geteilt,
er hat mit uns das Grab geteilt.
In ihm finden wir das Leben!

6. Er ist hinabgestiegen in das Reich des Todes, am dritten Tage auferstanden von den Toten

Bevor Christus am Kreuz gestorben ist, haben so viele Menschen auf der Erde gelebt und sind gestorben. Dazu gehören jene, die nichts von Gott gewusst oder im Widerspruch zu ihm gelebt haben, aber auch alle anderen, die ihn so geliebt haben, wie sie es vermochten: Adam und Eva, Abraham und Mose, Sarah, Rebekka und Mirjam, David und Salomon, Elija und Amos, Zacharias und Elisabet, Simeon und Anna, Johannes der Täufer und die zahllosen kleinen Leute, deren Namen und Liebe nur Gott allein kennt.

Haben sie alle vergeblich gehofft? Vergisst Gott seine Treue? Wir glauben, dass Gott die Frohe Botschaft nicht nur den Lebenden bringt. Wir glauben, dass Jesus „hinabgestiegen ist in das ***Reich des Todes***“, dass er auch dort verkündet hat: Die Zeit ist erfüllt; siehe, das Reich Gottes ist nahe; ihr werdet erlöst. Gott hat Erbarmen mit allen, die ihn lieben. Das will heißen: Der Tod hat seine Macht verloren; er kann diejenigen, die Gott lieben, nicht mehr festhalten. Jesus Christus, der Herr, ist für alle gestorben. Alle Gerechten gehören zur Gemeinschaft der Lebenden, die er gegründet hat.

> „Der tote Christus ist mit seiner Seele, die mit seiner göttlichen Person vereint blieb, zum Aufenthaltsort der Toten hinabgestiegen. Er hat den Gerechten, die vor ihm gelebt haben, die Pforten des Himmels geöffnet.“
>
> KATECHISMUS DER KATHOLISCHEN KIRCHE 637

Reich des Todes: Die Geschichten der Bibel überliefern uns die „Worte Gottes in menschlichen Worten“. Das bedeutet, dass die Menschen, die von ihrer Gotteserfahrung Zeugnis geben, dies mit den Vorstellungen und Bildern ihrer Zeit tun. Sie glauben, dass die Erde eine Scheibe ist. Über der Erde, „oben“, befindet sich das Himmelsgewölbe, der „Bereich“, wo Gott über die Lebenden herrscht. Unten ist die Unterwelt („Scheol“), „das Reich des Todes“, der „Ort“, wo der Tod über die Verstorbenen herrscht. Deshalb sagen sie: Jesus ist „hinabgestiegen“ in das Reich des Todes. Das *Reich des Todes* darf nicht mit der *Hölle* verwechselt werden, wo die Verdammten für immer von Gott getrennt sind.

Am dritten Tag ist er auferstanden von den Toten

„Darum, gütiger Vater,
feiern wir das Gedächtnis unserer Erlösung.
Wir verkünden den Tod deines Sohnes
und sein Hinabsteigen zu den Vätern,
bekennen seine Auferstehung und Himmelfahrt
und erwarten sein Kommen in Herrlichkeit.
So bringen wir dir seinen Leib und sein Blut dar,
das Opfer, das dir wohlgefällt
und der ganzen Welt Heil bringt."

AUS DEM VIERTEN HOCHGEBET DER EUCHARISTIEFEIER

6.1 Jesus lebt

Der Sohn Gottes ist Mensch geworden. Es handelt sich um einen Menschen, der in Betlehem geboren wurde und in Jerusalem am Kreuz gestorben ist. Sein Leib wurde begraben. Dafür gibt es Zeugen. Und das sind nicht nur die Männer und Frauen, die ihm nach Jerusalem gefolgt waren. Sondern auch die Ankläger, die Henkersknechte, Pontius Pilatus und die römischen Soldaten ...

Alle vier Evangelisten berichten uns, dass am Ostertag frühmorgens Frauen mit wohlriechenden Ölen zum Grab Jesu gehen. Als sie zum Grab kommen, finden sie den schweren Stein, der es verschlossen hatte, zur Seite gewälzt. Sie gehen in das Grab hinein und sehen auf der rechten Seite einen mit einem weißen Gewand bekleideten jungen Mann sitzen. Sie erschrecken. Aber der Engel sagt zu ihnen: „Ihr sucht Jesus von Nazaret, den Gekreuzigten. Er ist auferstanden, er ist nicht hier. Seht, da ist die Stelle, wo man ihn hingelegt hatte. Nun aber geht und sagt seinen Jüngern, vor allem Petrus: Er geht euch voraus nach Galiläa" (Mk 16, 6-7). Der heilige Johannes berichtet, wie Maria aus Magdala dem Auferstandenen am Ostermorgen begegnet. In Tränen aufgelöst steht sie vor dem Grab. Da sieht sie Jesus, ohne ihn zu erkennen. Erst als er sie bei ihrem Namen „Maria" nennt, erkennt sie ihn. Sie sagt zu ihm auf Hebräisch „Rabbuni", das heißt „Meister". Der Auferstandene antwortet ihr: „Geh zu meinen Brüdern und sag ihnen: Ich gehe hinauf zu meinem Vater und zu eurem Vater, zu meinem Gott und zu eurem Gott." Maria aus Magdala verkündet den Jüngern, dass sie den Herrn gesehen hat (vgl. Joh 20, 11-18).

Die Jünger sagen: Jesus, der tot war, hat den Tod besiegt und ist auferstanden, wie er es uns angekündigt hatte. Er ist uns erschienen. Wir haben ihn gesehen. Unsere Geschichte mit ihm, seine Geschichte mit uns ist nicht zu Ende. Die Männer und Frauen, die diese unglaubliche Nachricht verfechten, sind gleichfalls

Zeugen. Der heilige Paulus zählt sie in seinem ersten Brief an die Korinther auf (vgl. 1 Kor 15, 5-8): Zuerst Petrus, der Fels, auf dem Jesus seine Kirche baut. Dann die Zwölf, die er als Apostel auserwählt hat. Dann fünfhundert Brüder, von denen nach Aussage des heiligen Paulus nur einige wenige verstorben sind. Danach erscheint Jesus dem Jakobus, der die christliche Gemeinde von Jerusalem leitet, und dann allen Jüngern. Zuletzt erscheint er auch dem heiligen Paulus, der nach Damaskus unterwegs war, wo er gegen die Christen vorgehen wollte. Nach dieser Begegnung bekehrt sich der leidenschaftliche Christenverfolger Paulus zu einem nicht minder leidenschaftlichen Verkünder Christi.

Bei all diesen Zeugen lösen das leere Grab und die Begegnung mit dem Auferstandenen die Berufung aus: Sie müssen das, wofür sie Zeugen sind, an alle weitergeben. Ihr Glaube ist so fest, dass sie für ihn zu sterben bereit sind. Im Zeugnis und im Glauben dieser Jünger wurzelt unser eigener Glaube. „Als Zeugen des Auferstandenen bleiben sie die Grundsteine seiner Kirche" (KKK 642).

Was sich zwischen Karfreitag und dem Ostermorgen ereignet hat, wie Jesus lebend und siegreich aus dem Grab auferstanden ist, bleibt das Geheimnis Gottes, auf das wir uns beziehen, wenn wir sagen: „Jesus ist von den Toten auferstanden" oder besser: „Gott hat ihn auferweckt".

Die Männer und Frauen, denen der auferstandene Herr erscheint, haben ihn während seines Erdenlebens gekannt. Sie erkennen ihn jetzt wieder: Ja, es ist wirklich er - und doch ist er anders.

> „Der auferstandene Jesus tritt mit seinen Jüngern in direkte Beziehung: Er lässt sich berühren und isst mit ihnen. Er fordert sie auf, festzustellen, dass er kein Gespenst ist, vor allem aber, dass der auferstandene Leib, in dem er vor ihnen steht, wirklich der gleiche ist, der gequält und gekreuzigt worden ist, weil er noch die Spuren des Leidens trägt. Dieser echte und wirkliche Leib besitzt jedoch zugleich die neuen Eigenschaften eines verherrlichten Leibes: Jesus ist nicht mehr an Ort und Zeit gebunden, sondern kann nach Belieben da sein, wo und wann er will. Seine Menschennatur kann nicht mehr auf der Erde zurückgehalten werden und gehört nur noch dem göttlichen Bereich des Vaters an. Aus diesem Grund steht es dem auferstandenen Jesus auch völlig frei, so zu erscheinen, wie er will: in der Gestalt eines Gärtners oder ‚in einer anderen Gestalt' (Mk 16, 12) als der, die den Jüngern vertraut war. Dadurch sollte ihr Glaube geweckt werden."
>
> KATECHISMUS DER KATHOLISCHEN KIRCHE 645

Die Jünger erschrecken, als Jesus durch geschlossene Türen zu ihnen kommt. Ihr Herz ist voller Freude, als er sie anspricht. Er gibt ihnen den Auftrag, in die ganze Welt zu gehen und die Frohe Botschaft zu den Menschen zu bringen, sie zu Jüngern zu machen und zu taufen „auf den Namen des Vaters und des Sohnes und des Heiligen Geistes". Und Jesus fügt hinzu: „Ich bin bei euch alle Tage bis zum Ende der Welt" (Mt 28, 18-20).

Herr, unser Gott, wir danken dir:
In dieser Nacht aller Nächte
lässt du dein Licht leuchten:
Am leeren Grab
schenkst du uns Hoffnung.

Jesus, unser Bruder, wir danken dir:
In dieser Nacht aller Nächte
nimmt uns deine glückliche Auferstehung
die Angst vor dem Leben und vor dem Tod:
Glaube und Vertrauen sind möglich.

Gott, Heiliger Geist, wir danken dir:
In dieser Nacht aller Nächte
lässt du uns ahnen,
dass nicht mehr der Tod das Maß
des Menschseins ist,
sondern die Liebe.

6.2 Wir werden leben

Die Auferstehung Jesu Christi ist Kern und Zentrum unseres Glaubens. Die Feier der ***Osternacht*** ist das heiligste Fest des Kirchenjahres. Und jeder Sonntag ist das Gedächtnis an Ostern und der Lobpreis Gottes, der dadurch, dass er seinen Sohn vom Tod auferstehen lässt, seinem Leben in uns zum Sieg verhilft. In einer der Gemeinden der Urkirche gab es Leute, die Zweifel an der Auferstehung des Herrn äußerten. An sie schreibt der heilige Paulus: „Ist aber Christus nicht auferweckt worden, dann ist unsere Verkündigung leer und euer Glaube sinnlos ... und ihr seid immer noch in euren Sünden; und auch die in Christus Entschlafenen sind dann verloren. Wenn wir unsere Hoffnung nur in diesem Leben auf Christus gesetzt haben, sind wir erbärmlicher daran als alle anderen Menschen" (1 Kor 15, 14-19).

> „Das Ostergeheimnis hat zwei Seiten: Durch seinen Tod befreit uns Christus von der Sünde, durch seine Auferstehung eröffnet er uns den Zugang zu einem neuen Leben."
>
> KATECHISMUS DER KATHOLISCHEN KIRCHE 654

- Wir glauben, dass der Vater „Christus, seinen Sohn, auferweckte und so dessen Menschennatur - mitsamt seinem Leib - vollkommen in die Dreifaltigkeit aufnahm" (KKK 648).
- Wir glauben, dass der auferweckte Jesus, unser Herr, Quelle der Hoffnung für all jene ist, die an ihn glauben: Er teilt mit uns sein Leben, so dass uns am Ende unseres Lebens nicht das Nichts erwartet, sondern das ewige Leben in der Fülle Gottes; er hat uns „aus der Finsternis in sein wunderbares Licht gerufen" (1 Petr 2, 9).
- Wir glauben, dass in Christus, dem Sieger über Sünde und Tod, die Welt zu neuem Leben erwacht und sich erneuert (vgl. IV. Präfation für die Osterzeit).
- Wir glauben, dass der Geist des auferweckten Jesus in unserer Welt lebt und am Werk ist.
- Wir glauben, dass Jesus Christus am Tag des Gerichts wiederkommen wird. Dass er die Menschen guten Willens von allem Übel und allem Leid befreien wird, dass er sie auferwecken und ihnen das ewige Leben schenken wird.

> *Wir beten:*
>
> Darum freut sich mein Herz, und frohlockt meine Zunge,
> und auch mein Leib wird in sicherer Hoffnung ruhen;
> denn du gibst mich nicht der Unterwelt preis,
> noch lässt du deinen Frommen die Verwesung schauen.
>
> Du zeigst mir den Weg zum Leben,
> du erfüllst mich mit Freude vor deinem Angesicht,
> Wohlgefallen ohne Ende zu deiner Rechten.
>
> PSALM 16, 9-11 (GRIECHISCHE ÜBERSETZUNG)

Osternacht: Die Feier der Osternacht besteht aus vier Teilen: Während der Lichtfeier wird das Osterfeuer gesegnet. An ihm entzündet man die Osterkerze. Der Diakon oder der Priester trägt diese in feierlicher Prozession in die dunkle Kirche und singt: „Christus, das Licht!" Während des Wortgottesdienstes gibt es sieben Lesungen aus dem Alten Testament und zwei aus dem Neuen Testament - Texte, die uns an die lange Geschichte Gottes mit den Menschen erinnern. Während der Tauffeier wird das Taufwasser geweiht, oft empfangen Erwachsene und Kinder die Taufe. Dann erneuern wir alle unser Taufversprechen. Während der Eucharistiefeier singen wir das Osterlob und danken dem Vater durch, mit und in dem, der auferweckt wurde und uns aus der Knechtschaft des Todes befreit, uns mit seinem Geist erfüllt und bei uns bleibt bis ans Ende der Zeiten.

7. Aufgefahren in den Himmel, er sitzt zur Rechten Gottes, des allmächtigen Vaters

7.1 Gott hat ihn über alles erhöht

Die Jünger Jesu haben den Karfreitag erlebt: Jesus hing am Kreuz, hilflos und verlassen. Sein Leben erlosch im Tod. Sie haben seinen Leib in das Grab gelegt, das sie mit einem großen Stein verschlossen: Zeichen dafür, dass am Ende der Tod über das Leben siegt. In der Begegnung mit dem auferstandenen Herrn machen sie eine Erfahrung, die alles, was sie vom Leben und vom Tod zu wissen glaubten, grundlegend erschüttert. Jesus kommt ihnen entgegen. Sie erkennen ihn - ja, es ist wirklich er, der Gekreuzigte, er lebt. Er ist ihnen vertraut und doch fremd. Er kommt durch verschlossene Türen. Er ist da und er verschwindet. Man kann ihn nicht festhalten. Sie hatten Angst und zweifelten; da ergreift sie Freude: Gott hat seinen Sohn von den Toten auferweckt und hat ihn mit seiner ganzen Menschennatur in seine Herrlichkeit aufgenommen. Sie bezeugen: Jesus ist ***in den Himmel aufgefahren,*** wo er zur Rechten des Vaters sitzt.

Die „Rechte des Vaters" ist die Herrlichkeit Gottes, in der sich von Ewigkeit her der Sohn und der Heilige Geist befinden, die zusammen mit dem Vater eins sind in der Heiligen Dreifaltigkeit. Als Gott hat der Sohn diese Herrlichkeit nie verlassen, aber durch seine Menschwerdung im Schoß der Jungfrau hat er zusätzlich zu seiner göttlichen Natur eine Menschennatur wie die unsere angenommen, um unter uns und wie wir zu leben. Nach seiner Auferweckung von den Toten befindet sich Jesus fortan nicht nur mit seiner göttlichen, sondern auch mit seiner menschlichen Natur, das heißt mit seiner Seele und seinem Leib, in der Herrlichkeit des Vaters.

Jesus sitzt wirklich zur Rechten seines Vaters. Der Vater macht so seinen Sohn zum Herrn der ganzen Schöpfung. In einem der ersten Glaubensbekenntnisse verkünden die Christen: „Er ist der Herr, größer und mächtiger als alle Herren der Welt." Dieses Bekenntnis ist ganz wesentlich für unseren Glauben. Auf diese Weise erfüllt sich das Wort, das Gott in einem Psalm an den König gerichtet hat: „Setze dich mir zur Rechten, und ich lege dir deine Feinde als Schemel unter die Füße" (Ps 110, 1). Der heilige Paulus erklärt uns, dass der letzte Feind, der entmachtet wird, der Tod ist (1 Kor 15, 26).

Mit dem heiligen Paulus
bejubelt die Gemeinde in einem Hymnus den verherrlichten Herrn:

„Gott hat ihn über alle erhöht
und ihm den Namen verliehen,
der größer ist als alle Namen,
damit alle im Himmel,
auf der Erde und unter der Erde
ihre Knie beugen vor dem Namen Jesu
und jeder Mund bekennt:
‚Jesus Christus ist der Herr'
zur Ehre Gottes, des Vaters."

BRIEF AN DIE PHILIPPER 2, 9-11

7.2 Er ist aufgefahren in den Himmel

Der heilige Lukas beschreibt am Ende seines Evangeliums, wie Jesus von seinen Jüngern Abschied nimmt. Er begibt sich mit ihnen nach Betanien, erhebt seine Hände und segnet die Jünger, während sie sich vor ihm niederwerfen. Und in dieser Segenshaltung wird er in den Himmel emporgehoben (vgl. Lk 24, 50-52). Am Anfang seines zweiten Buches, der ***Apostelgeschichte,*** berichtet Lukas nochmals von der Himmelfahrt Jesu, um deutlich zu machen, wie die Geschichte Jesu auf Erden in die Geschichte der Kirche einmündet: Während ***vierzig Tagen*** - ein geheiligter Zeitraum - erscheint der auferstandene Herr seinen Jüngern und spricht zu ihnen vom Reich Gottes. Dann steigt er unter ihren Blicken in die Höhe, und eine Wolke - Gott selber - nimmt ihn auf. Wie gebannt halten die Apostel ihre Blicke auf den Himmel geheftet. Da sagen zwei Boten Gottes zu ihnen: „Was steht ihr da und schaut zum Himmel empor? Dieser Jesus, der von euch ging und in den Himmel aufgenommen wurde, wird ebenso wiederkommen, wie ihr ihn habt zum Himmel hingehen sehen" (Apg 1, 9-11).

Im *Katechismus der Katholischen Kirche* heißt es:

„Der Leib Christi wurde schon im Augenblick der Auferstehung verherrlicht, wie das die neuen, übernatürlichen Eigenschaften beweisen, die sein Leib nun dauernd besitzt. Doch während der vierzig Tage, in denen er mit seinen Jüngern vertraut isst und trinkt und sie über das Reich Gottes unterrichtet, bleibt seine Herrlichkeit noch unter der Gestalt einer gewöhnlichen Menschennatur verhüllt. Die letzte

Erscheinung Christi endet mit dem endgültigen Eintritt seiner menschlichen Natur in die göttliche Herrlichkeit, die durch die Wolke und durch den Himmel versinnbildlicht wird. Dort thront Jesus nun zur Rechten Gottes. Ganz ausnahmsweise und nur einmal wird er sich in einer letzten Erscheinung Paulus - gleichsam der ‚Missgeburt' (1 Kor 15, 8) - zeigen und ihn zum Apostel berufen" (KKK 659).

Die Apostel begreifen, dass es nach ihrer Beauftragung durch Jesus nunmehr ihre Aufgabe ist, das Evangelium zu verkündigen, die neuen Gläubigen zu taufen, Kranke zu heilen, die Sünden zu vergeben, böse Geister auszutreiben und Hoffnung zu wecken.

„Auf Erden hast du keinen anderen Leib als den unseren,
keine anderen Füße als die unseren,
keine anderen Hände als die unseren.
Unsere Augen zeigen dein Mitleid mit der Welt.
Unsere Füße tragen dich, um Gutes zu tun.
Mit unseren Händen wirst du fortan segnen."

HEILIGE THERESIA VON AVILA

Aufgefahren in den Himmel (Himmelfahrt): Es handelt sich dabei nicht um einen Ortswechsel im Bereich unserer Welt, sondern um den endgültigen Eintritt Jesu - mit seinem Leib und seiner Seele - in die Herrlichkeit des Vaters, von wo er wiederkommen und uns aufsuchen wird, nachdem er dort einen Platz für uns vorbereitet hat.

Apostelgeschichte: Das zweite Buch des Evangelisten Lukas berichtet vom Wirken der Apostel, die in der Kraft des Heiligen Geistes den Auftrag des Auferstandenen erfüllen: Sie verkünden ihn als den Messias, den Gekreuzigten, den Auferstandenen. Sie gründen Gemeinden, haben Erfolge und müssen Verfolgung leiden. Im ersten Teil (Kap. 1-12) ist vor allem von Petrus, dem ersten Apostel, und von Johannes die Rede. Sie sind zunächst in der Christengemeinde von Jerusalem tätig. Der zweite Teil (Kap. 13-28) ist dem Heidenmissionar Paulus von Tarsus gewidmet (drei Missionsreisen). Die *Apostelgeschichte* endet mit einer Predigt des heiligen Paulus in der Metropole Rom. Die Überlieferung bezeugt, dass er und der heilige Petrus dort als Märtyrer starben. So wird Rom, die Stadt der Apostel, zum Zentrum der Kirche.

Vierzig Tage: eine heilige Zahl. Im Laufe seines vierzig Jahre währenden Auszugs aus Ägypten erfährt das Volk Israel, dass und wie man Gott vertrauen kann. Nach seiner Taufe durch Johannes den Täufer fastet Jesus vierzig Tage in der Wüste. Vom Heiligen Geist gesegnet, stellt er sich dem Versucher und bereitet sich auf sein öffentliches Wirken vor. Der heilige Lukas berichtet uns, dass die Himmelfahrt des auferstandenen Christus zum Vater vierzig Tage nach Ostern stattfindet.

7.3 Der Weggang und die neue Gemeinschaft

Durch den Glauben erfassen wir das, was der heilige Lukas - der selbst ein Glaubender war - als Evangelium von Jesus Christus bezeugt. Der Sohn Gottes ist Mensch geworden, damit wir von allem, was uns von Gott trennt, befreit werden. Für uns Menschen hat Jesus gelebt, für uns ist er gestorben. Gott hat ihn auferweckt und zu seiner Rechten erhoben.

Das bedeutet, dass Jesus nicht mehr als Mensch unter den Seinen gesehen werden kann. Sie können ihn nicht mehr unmittelbar sehen, ihn weder berühren noch Fragen an ihn richten wie zu der Zeit, als er unter ihnen lebte. Die Trennung geht auch mit Abschied einher. Der heilige Johannes überliefert uns in seinem Evangelium sogenannte „Abschiedsreden": das sind Worte des im Fortgehen begriffenen Herrn, in denen die Jünger Antwort und Trost finden.

- „Euer Herz lasse sich nicht verwirren. Glaubt an Gott und glaubt an mich! Im Haus meines Vaters gibt es viele Wohnungen. Wenn es nicht so wäre, hätte ich euch dann gesagt: Ich gehe, um einen Platz für euch vorzubereiten? Wenn ich gegangen bin und für euch einen Platz vorbereitet habe, komme ich wieder und werde euch zu mir holen, damit auch ihr dort seid, wo ich bin" (Joh 14, 1-3).

- „Wenn ihr mich liebt, werdet ihr meine Gebote halten. Und ich werde den Vater bitten, und er wird euch einen anderen Beistand geben, der für immer bei euch bleiben soll. Es ist der Geist der Wahrheit ..." (Joh 14, 15-17).

- „Es ist gut für euch, dass ich fortgehe. Denn wenn ich nicht fortgehe, wird der Beistand nicht zu euch kommen; gehe ich aber, so werde ich ihn zu euch senden" (Joh 16, 7).

- „Vom Vater bin ich ausgegangen und in die Welt gekommen; ich verlasse die Welt wieder und gehe zum Vater" (Joh 16, 28).

Jesus ist nicht mehr zu sehen, aber die Kirche erfährt im Heiligen Geist und im Glauben die Wahrheit der Verheißung Jesu: „Siehe, ich bin bei euch alle Tage bis zum Ende der Welt" (Mt 28, 20).

Die Kirche Jesu Christi wartet noch immer auf die Wiederkunft ihres Herrn in Herrlichkeit am Ende der Zeiten. Durch den Glauben können wir gewiss sein, dass er bereits eine Wohnung und eine Heimstatt beim Vater für uns vorbereitet.

Er will, dass wir bei ihm sind. Deshalb ist der Himmel, zu dem „wir emporschauen“, nicht mehr allein der „Ort“ Gottes und Jesu Christi, sondern auch das Zeichen für unsere eigene Zukunft.

Solange wir in der Welt der Menschen leben, können wir von der Welt Gottes nur in Bildern reden. Erst wenn wir den Weg Jesu durchlaufen haben - durch den Tod und das Grab hindurchgegangen sind -, werden uns die Augen für unseren eigenen Ostermorgen aufgehen. Dann werden wir ihn sehen: unseren Herrn ... und wir werden ihm ähnlich sein (vgl. 1 Joh 3, 2).

Wir beten:

„In Wahrheit ist es würdig und recht,
dir, allmächtiger Vater zu danken,
durch unseren Herrn Jesus Christus,
den König der Herrlichkeit.
Denn er ist heute als Sieger
über Sünde und Tod
aufgefahren in den Himmel.
Die Engel schauen den Mittler zwischen Gott und den Menschen,
den Richter der Welt, den Herrn der ganzen Schöpfung.
Er kehrt zu dir heim, nicht um uns Menschen zu verlassen,
er gibt den Gliedern seines Leibes die Hoffnung,
ihm dorthin zu folgen, wohin er als Erster vorausging.
Darum jubelt heute der ganze Erdkreis in österlicher Freude,
darum preisen dich die himmlischen Mächte
und die Chöre der Engel
und singen das Lob deiner Herrlichkeit.“

AUS DER PRÄFATION I VON CHRISTI HIMMELFAHRT

8. Von dort wird er kommen, zu richten die Lebenden und die Toten

Jesus ist beim Vater. Die Männer und Frauen, die auf ihn ihre Hoffnung gesetzt haben, bleiben in der Unsicherheit ihres Lebens und in der Unvollkommenheit der Welt. Aber das Licht, das Jesus in der Welt erstrahlen ließ, ist dennoch nicht erloschen. Die Hoffnung, die er durch seine Worte, seine Gesten, sein Leiden und Sterben, seine Auferstehung im Herzen der Menschen erweckte, ist nicht gestorben.

8.1 Jesus wird wiederkommen

Die ersten Jünger glauben, ihr Herr werde noch zu ihren Lebzeiten wiederkommen, nicht mehr als ein Mensch unter den Menschen - den man in Zweifel ziehen und zurückweisen kann -, sondern diesmal in der Macht und Herrlichkeit Gottes. Das heißt, niemand mehr wird seine Autorität anzweifeln noch seine Vollmacht bestreiten können. Jeder wird anerkennen, dass er der Gesandte Gottes, der Messias, der Erlöser ist. Der Richter, der mit der Vollmacht Gottes den Menschen das Urteil verkündet und der die Schöpfung vollendet: Das Reich Gottes wird zu einer vollendeten Wirklichkeit.

Die ersten Christen brauchen nicht lange, um einzusehen, dass ihre Ungeduld sie in eine Sackgasse führt. Sie begreifen, dass die Zeit Gottes nicht dem Zeitmaß des Menschen entspricht. Und dass das Wort, mit dem Jesus seine Wiederkunft ankündigte, noch immer gültig ist: „Doch jenen Tag und jene Stunde kennt niemand, auch nicht die Engel im Himmel, nicht einmal der Sohn, sondern nur der Vater“ (Mk 13, 32).

Die ersten Christen begreifen auch, dass mit der Himmelfahrt Jesu ein neues Zeitalter begonnen hat: ihr und unser Zeitalter, das Zeitalter der Kirche. Deshalb können sie nicht länger auf dem „Berg“ ihrem Herrn nachschauen, wie er in den Himmel aufsteigt. Ihr Auftrag sind die Menschen, wo immer und wie immer sie leben. Ihr Auftrag ist die Erde - bis an ihre Grenzen. Sie sind verantwortlich für das Licht: dass dieses Licht, das für alle geleuchtet hat, nicht erlischt, dass es sich in der ganzen Welt verbreitet. Sie sind verantwortlich für die Hoffnung: dass diese Hoffnung, die ihre Wurzel in Jesus Christus hat, nie vergeht, damit alle die

Möglichkeit haben, ihre Hoffnung auf den zu setzen, der sie liebt. Es liegt allein bei Gott zu entscheiden, wann er die Erde, die er am Anfang geschaffen hat, durch die ***Wiederkunft*** seines Sohnes zu ihrer Vollendung führen wird.

> „Durch ihr christusförmiges Leben beschleunigen die Christen das Kommen des Reiches Gottes, des Reiches ‚der Gerechtigkeit, der Liebe und des Friedens' (Präfation vom Christkönigssonntag). Sie vernachlässigen deswegen ihre irdischen Aufgaben nicht; ihrem Meister getreu erfüllen sie diese redlich, geduldig und in Liebe."
>
> KATECHISMUS DER KATHOLISCHEN KIRCHE 2046

Wenn die Zeit lang wird, kann die Erwartungshaltung verblassen. Die Gläubigen können unsicher werden und zu zweifeln beginnen: Wird Gott sein Wort halten? Wird der Herr wiederkommen? Ist dieses Warten der Mühe wert? Sie können sich ganz in ihre irdischen Angelegenheiten verlieren und vergessen, dass diese Welt nicht das Letzte ist und dass etwas Großes auf sie wartet. An diese Leute sind die mahnenden Worte der Apostel und Evangelisten gerichtet: Seid wachsam, denn ihr wisst nicht, wann der Herr wiederkommen wird.

Die Kirche Jesu Christi definiert sich selbst als eine Gemeinschaft, die in der Gemeinschaft mit ihrem Herrn und zugleich in der Erwartung seiner Wiederkunft lebt und ihm den Weg bereitet. Jedes Jahr feiert sie den Advent: eine Gemeinde, die bereit ist, dem entgegenzugehen, der kommt, - und bereit ist, ihn kommen zu lassen.

> Deinen Tod, o Herr, verkünden wir,
> deine Auferstehung preisen wir,
> bis du kommst in Herrlichkeit.
> *Marana tha* - Herr Jesus, komm!

Wiederkunft des Herrn: Von den Anfängen bis heute hat es immer Einzelne und Gruppen (Sekten!) gegeben, die vorgaben, das Weltende und den Zeitpunkt der Wiederkunft des Herrn berechnen zu können. Sie finden in den Geschehnissen ihrer Zeit Hinweise, aufgrund welcher sich - ihrer Meinung nach - das „Ende der Welt" voraussagen lässt, und sie verlangen von allen, die gerettet werden wollen, blinden Glauben und Gehorsam. Manche dieser Sekten lösen Verwirrung und Unruhe aus. Doch alle diese Bewegungen sind zum Scheitern verurteilt, denn die Pläne Gottes lassen sich nicht von den Menschen erraten. Gott schenkt zu dem von ihm festgesetzten Zeitpunkt denen die Erfüllung, die voller Glauben und Vertrauen wachsam bleiben und auf ihn harren.

8.2 Er wird die Lebenden und die Toten richten

In der Rede, die er im Haus des römischen Hauptmannes Kornelius hält, erklärt der heilige Petrus: „Er [Gott] hat uns geboten, dem Volk zu verkündigen und zu bezeugen: Das [Christus] ist der von Gott eingesetzte Richter der Lebenden und der Toten. Von ihm bezeugen alle Propheten, dass jeder, der an ihn glaubt, durch seinen Namen die Vergebung der Sünden empfängt“ (Apg 10, 42-43).

Das Wort Gericht macht uns Angst: Wir sind nur Menschen. Und welcher Mensch kann vor Gott bestehen?

Das Wort Richter macht uns Mut, denn wir kennen Jesus. Vor ihm muss man sich nicht fürchten. Sein Evangelium ist eine Frohe Botschaft. Er sieht, wie sich die Menschen bemühen, den Willen Gottes zu tun, die Vorschriften des Mose, die „Zehn Gebote“, einzuhalten. Er sagt: „Kommt alle zu mir, die ihr euch plagt und schwere Lasten zu tragen habt. Ich werde euch Ruhe verschaffen. Nehmt mein Joch auf euch und lernt von mir; denn ich bin gütig und von Herzen demütig; so werdet ihr Ruhe finden für eure Seele. Denn mein Joch drückt nicht, und meine Last ist leicht“ (Mt 11, 28-30).

Ein anderes Mal sagt er, worum es beim ***Jüngsten Gericht*** gehen wird: Gott lieben, aus Liebe zu ihm leben und den Brüdern und Schwestern geben, was sie brauchen: den Hungrigen Brot, den Durstigen Wasser, den Obdachlosen eine Bleibe, denen, die nichts zum Anziehen haben, Kleider, den Kranken und Gefangenen Beistand. Alle, die das getan haben, haben es - ohne es zu wissen - für Jesus getan. Dann wird der Herr zu ihnen sagen: Kommt, der Vater erwartet euch. Ihr werdet sehen, wie glücklich die Menschen sein können. Ihr werdet mit ihm in dieser Gemeinschaft leben, die wir den ***Himmel*** nennen.

Die anderen, die Gott absichtlich zurückweisen, die nicht in seinem Geiste leben, die es aus Gleichgültigkeit oder Hartherzigkeit ablehnen, ihren Brüdern und Schwestern zu geben, was sie brauchen: den Hungernden kein Brot, den Durstigen kein Wasser, den Obdachlosen keine Bleibe, denen, die nichts zum Anziehen haben, keine Kleider, den Kranken und Gefangenen keinen Beistand - haben all das Jesus verweigert, auch wenn sie es nicht wissen. Sie haben sich selbst aus der endgültigen Gemeinschaft mit Gott ausgeschlossen und finden sich in einem Zustand ewiger Trübsal wieder, wo es nur Heulen und Zähneknirschen gibt (vgl. Mt 25, 30-46).

Durch diese Bilder zeigen die Weisen Israels, dass Gott in allem und über allem ist, was auf Erden lebt, sich entwickelt und wächst. Sein Geist ist der Garant dafür, dass der Schöpfung niemals Gott entzogen wird: Sie ist nicht dem Zufall, geschweige denn den bösen Geistern ausgeliefert.

- Wir beten:

„Herr, wie zahlreich sind deine Werke!
Mit Weisheit hast du sie alle gemacht ...
Sendest du deinen Geist aus, so werden sie alle erschaffen
und du erneuerst das Antlitz der Erde."

PSALM 104, 24.30

Einer der Verfasser der Bibel erzählt, wie die Geschichte Adams, die Geschichte des Menschen, beginnt: Gott selbst haucht ihm den Lebensatem ein, und so wird der Mensch zu einem Lebewesen. Das heißt: der Mensch - Männer, Frauen und Kinder - empfangen ihr Leben von Gott. Darum sind sie Gott ähnlich und können ihn entdecken und seinen Willen tun.

Die Symbole des Geistes sind das Wasser, das Feuer, die Wolke, der Atem und der Wind. Man vergleicht ihn manchmal mit einer Taube und stellt ihn bildlich so dar, weil er sich bei der Taufe Jesu in dieser Gestalt offenbart hat. Für die Menschen der biblischen Zeiten - und auch noch für die heutigen Menschen - ist die Taube das Bild des Friedens und der sichtbar gewordenen Liebe.

Wir beten:

„Atme in mir, du Heiliger Geist, dass ich Heiliges denke.
Treibe mich, du Heiliger Geist, dass ich Heiliges tue.
Locke mich, du Heiliger Geist, dass ich Heiliges liebe.
Stärke mich, du Heiliger Geist, dass ich Heiliges hüte.
Hüte mich, du Heiliger Geist, dass ich das Heilige nimmer verliere."

DEM HEILIGEN AUGUSTINUS (354-430) ZUGESCHRIEBEN

- Wir machen das Kreuzzeichen:

Im Namen des Vaters und des Sohnes und des Heiligen Geistes. Amen.

9.2 Er hat durch die Propheten gesprochen

Auf den Heiligen Geist kann man anwenden, was die Bibel von der göttlichen Weisheit sagt: „Von Geschlecht zu Geschlecht tritt sie in heilige Seelen ein und schafft Freunde Gottes und Propheten“ (Weish 7, 27).

Die Bibel spricht von Männern und Frauen, denen Gott seinen Geist schenkt: Die Könige empfangen ihn durch die Salbung mit dem geweihten Öl. Dank des Geistes können Männer und Frauen einen bestimmten Auftrag erfüllen. Sie wagen es, gottlosen Königen mutig die Stirn zu bieten, falsche Propheten und untreue Priester anzuklagen, Irrglaube und Sünde aufzudecken. Ihr Enthusiasmus ist ansteckend, ihre Ernsthaftigkeit überzeugend. Alle, die ihnen begegnen, spüren, dass hier Gott am Werk ist, dass sein Heiliger Geist durch diese Menschen spricht und handelt. Der Prophet Elija, den die Apostel zusammen mit Mose neben dem verklärten Jesus sehen, ist der große Repräsentant dieser Männer, die sich dem Geist überlassen haben und zum Volk gesandt wurden, damit sie es zum Herrn zurückführen (vgl. 1 Kön 17-19; 2 Kön 1-2).

Von Generation zu Generation hat uns der Geist durch seine Propheten geformt. Er hat die Verfasser des Alten Testaments inspiriert, die uns die Worte und die Taten der Propheten sowie ihre Lehren über Gott, die Welt und den Menschen berichten; ihre Gedanken über Gottes Liebe zu seinem Volk, über die Verheißung des Heils.

Israel spricht auf eine besondere Weise vom Geist, wenn es sich um den Messias handelt, den gerechten König aus dem Hause Davids, der auf Erden den Frieden Gottes errichtet. Einer der Propheten sagt von ihm: „Der Geist des Herrn lässt sich nieder auf ihm: der Geist der Weisheit und der Einsicht, der Geist des Rates und der Stärke, der Geist der Erkenntnis und der Gottesfurcht“ (Jes 11, 2). Auf diesen prophetischen Text spielen wir an, wenn wir von den „sieben Gaben“ des Heiligen Geistes sprechen. Die Zahl sieben ist Zeichen der Fülle. Wem der Geist geschenkt wird, den erfüllt er mit Licht und Liebe, mit Stärke und Frieden, er sendet uns mit einer Mission aus, damit wir in uns und bei den anderen das Werk Gottes verwirklichen.

Von dem Knecht, der – von Gott gesandt, von den Menschen verworfen – sein Leben gibt für das Volk, sagt Gott selbst: „Seht, das ist mein Knecht, den ich stütze; das ist mein Erwählter, an ihm finde ich Gefallen. Ich habe meinen Geist auf ihn gelegt, er bringt den Völkern das Recht“ (Jes 42, 1).

Der Geist Gottes, der auf dem Messias ruht, ist nicht nur ein Geschenk für einige Auserwählte. Das Heil ist nichts anderes als die Gabe des Heiligen Geistes, den der auferstandene Jesus den Aposteln und allen seinen Jüngern sendet (vgl. Joh 20, 22). Der Geist will sich allen in Fülle hingeben, wie das schon die Propheten hofften: „Ich gieße meinen Geist über deine Nachkommen aus und meinen Segen über deine Kinder“ (Jes 44, 3). „Danach wird es geschehen, dass ich meinen Geist ausgieße über alles Fleisch. Eure Söhne und Töchter werden Propheten sein, eure Alten werden Träume haben, eure jungen Männer haben Visionen. Auch über Knechte und Mägde werde ich meinen Geist ausgießen in jenen Tagen“ (Joël 3, 1-2).

Wir beten:

Komm, Heiliger Geist,
dringe ein in die Herzen deiner Gläubigen,
damit sie glühen vom Feuer deiner Liebe!

9.3 Jesus Christus tauft uns im Heiligen Geist

Jesus lebt und wirkt in der Einheit des Heiligen Geistes. Durch das Wirken des Heiligen Geistes hat ihn seine Mutter, die Jungfrau Maria, empfangen. Deshalb preisen wir sie mit den Worten: „Du bist voll der Gnade.“ Vom Heiligen Geist bewegt, erklärt Johannes der Täufer: „Ich taufe euch nur mit Wasser ... Der aber, der nach mir kommt, ... wird euch mit dem Heiligen Geist und mit Feuer taufen“ (Mt 3, 11). Als sich Jesus zum Jordan begibt, um sich von Johannes dem Täufer taufen zu lassen, öffnet sich der Himmel. Der Geist ruht auf ihm, und aus dem Himmel kommt eine Stimme, die sagt: „Du bist mein geliebter Sohn, an dir habe ich Gefallen gefunden.“ Durch die Kraft des Heiligen Geistes widersteht Jesus dem Satan, der ihn in der Wüste ***in Versuchung führen*** will, um ihn von seinem Auftrag abzubringen (vgl. Mk 1, 11-13).

Jesus weiß, wozu er gesandt ist. In seiner Heimatstadt Nazaret liest er folgenden Abschnitt aus dem Buch des Propheten Jesaja: „Der Geist des Herrn ruht auf mir; denn der Herr hat mich gesalbt ...“ (Lk 4, 18-21).

In der höchst feierlichen Stunde eines Festes ruft Jesus mitten im Tempel mit lauter Stimme: „Wer Durst hat, komme zu mir, und es trinke, wer an mich glaubt.“ Der Evangelist Johannes erläutert: „Wie die Schrift sagt: Aus seinem Inneren werden Ströme von lebendigem Wasser fließen. Damit meinte er den Geist, den alle empfangen sollten, die an ihn glauben“ (Joh 7, 37-39).

Jesus bereitet seine Jünger auf den Augenblick vor, wo er nicht mehr unter ihnen sichtbar sein wird. Der heilige Johannes berichtet, wie Jesus seine Abschiedsreden an seine Apostel richtet:

- Er verspricht ihnen einen Tröster, einen Beistand. Einen, der sie an all das erinnert, was Jesus ihnen gesagt hat, der sie in die ganze Wahrheit einführt. Einen, in den sie ihr Vertrauen setzen, denn er sagt ihnen, wie sie sich verteidigen sollen, wenn sie wegen Jesus angeklagt und verfolgt werden.

- Er verheißt ihnen seinen Heiligen Geist, den Geist, den er durch seinen Tod und seine Auferstehung allen Menschen schenkt; diesen Geist, den er aus der Nähe des Vaters sendet, so wärmende Strahlen, wie sie von der Sonne ausgestrahlt werden; diesen Geist, den wir zusammen mit dem Vater und dem Sohn anbeten und preisen, denn er geht aus dem Vater und dem Sohn hervor: Als dritte Person der Heiligen Dreifaltigkeit ist er wesensgleich mit dem Vater und dem Sohn.

Das Schöpferwort, das am Anfang der Welt dem Menschen seinen Lebensatem eingehaucht hatte (vgl. Gen 2, 7), dieses selbe Wort kommt in diese Welt, als die Zeit erfüllt ist: Der auferstandene Jesus erscheint den Aposteln, haucht sie an und sagt zu ihnen: „Empfangt den Heiligen Geist" (Joh 20, 22). Jesus, auf dem der Heilige Geist in Fülle ruht, erneuert alle Dinge dadurch, dass er den Geist „unbegrenzt" gibt (Joh 3, 34). Er überschüttet seine Jünger mit der Gabe Gottes: Diese Gabe ist der Heilige Geist selbst, der sie in ein neues Leben, das christliche Leben, einführt.

Und darin besteht das christliche Leben: Der Heilige Geist wird uns geschenkt (vgl. Röm 5, 5) und wir sind der Tempel Gottes, da der Geist in uns wohnt (vgl. 1 Kor 3, 16). Weil dieser Geist unser Leben ist, bringt er uns zum Handeln (vgl. Gal 5, 16-25), und der heilige Paulus sagt uns: Wer sich vom Geist leiten lässt, ist wirklich ein Kind Gottes (vgl. Röm 8, 14). Deshalb verkündet der heilige Johannes von Jesus: „Aus seiner Fülle haben wir alle empfangen, Gnade über Gnade!" (Joh 1, 16) Das erklärt, warum der *Katechismus der Katholischen Kirche* das christliche Leben, das moralische Leben als ein „Leben im Geist" vorstellt. Darauf wird im Kapitel 16 näher eingegangen.

Der Geist lebt im Herzen jedes Gläubigen und er bindet jeden in die Kirche ein, denn er ist es auch, der die Kirche seit ihrer Entstehung bis ans Ende der Zeit leitet. Der *Katechismus der Katholischen Kirche* lehrt:

„Die Sendung Christi und des Heiligen Geistes vollzieht sich in der Kirche, dem Leib Christi und Tempel des Heiligen Geistes ... Der Geist macht die Menschen bereit und kommt ihnen mit seiner Gnade zuvor, um sie zu Christus zu ziehen. Er offenbart ihnen den auferstandenen Herrn, erinnert sie an sein Wort und erschließt ihrem Geist den Sinn seines Todes und seiner Auferstehung. Er vergegenwärtigt ihnen das Mysterium Christi, vor allem in der Eucharistie, um sie mit Gott zu versöhnen, mit ihm zu vereinen und so ‚reiche Frucht' bringen zu lassen" (KKK 737).

Wir beten:

Ehre sei dem Vater und dem Sohn und dem Heiligen Geist,
wie im Anfang, so auch jetzt und alle Zeit und in Ewigkeit.
Amen.

In Versuchung führen: Die Gläubigen müssen sich entscheiden, wem sie dienen wollen: Gott oder dem Satan. Dass Jesus dem Satan widerstand, bedeutet, dass dieser seine Macht verloren hat. Bei der Wiederkunft Jesu in Herrlichkeit wird der Teufel endgültig besiegt werden.

10. Die heilige katholische Kirche

Die Kirche ist eine Gemeinschaft von universalen Dimensionen. Sie gibt den Glauben an alle weiter, die sich ihr durch die Taufe anschließen, verwurzelt sie in Christus und begleitet sie, damit sie als Christen leben können. So erfüllt sie die Sendung ihres Herrn Jesus Christus - bis er wiederkommt in Herrlichkeit.

10.1 Im Anfang war der Heilige Geist

> „Wie die Väter sagen, ist die Kirche der Ort, wo der Geist blüht."
>
> KATECHISMUS DER KATHOLISCHEN KIRCHE 749

Die Christen fragen: Wann, wo und wie hat die Kirche begonnen? Die Christen der ersten Jahrhunderte sagten, „die Welt wurde auf die Kirche hin erschaffen" (KKK 760). Das griechische Wort „ekklesía", „Kirche", bedeutet in der Tat „Zusammenrufung", und Gott hat die Welt auf die Teilnahme an seinem göttlichen Leben hin erschaffen, die durch die Zusammenrufung aller Menschen in Christus zustande kommt. Deshalb erinnert der *Katechismus der Katholischen Kirche* an das alte Väterwort: Die Kirche, die in der Herrlichkeit des Himmels zu ihrer Fülle gelangen wird, diese Kirche ist das Ziel aller Dinge (vgl. KKK 760).

Gott sammelt sein Volk seit der Zeit des ersten Bundes, insbesondere mit der Berufung Abrahams, dem verheißen wird, Vater eines großen Volkes zu werden (vgl. Gen 12, 2; 15, 5-6). Das Volk Israel, das Volk Gottes mit seinen zwölf Stämmen, ist das Zeichen für die künftige Sammlung aller Völker. Aber die Propheten kündigen an, dass Gott einen neuen und ewigen Bund schließen wird (vgl. Jer 31, 31-34; Jes 55, 3). Es ist der Messias, der ihn vollziehen wird.

Tatsächlich verkündet Jesus von Anbeginn seines öffentlichen Wirkens, dass „das Reich Gottes nahe ist" (Mk 1, 15). Er gibt dem neuen Volk Gottes mit der Einsetzung der zwölf Apostel eine Struktur. Ihnen und den Jüngern erteilt er die Vollmacht, seine Sendung weiterzuführen. Er ändert den Namen Simon in „Petrus“: Dieser Apostel soll der Fels sein, auf dem Jesus seine Kirche bauen wird. Und er wird ihn später in seiner Sendung als Haupt der Apostel stärken, indem er ihn über seine Rolle unterweist: demütig dienen und seine Brüder im Glauben stärken, während er die Schafe Gottes in der Liebe weiden lässt. „Durch alle diese Akte gründet Christus die Kirche und baut sie auf“ (KKK 765); diese Kirche, die „das im Mysterium schon gegenwärtige Reich Christi“ ist (II. Vatikanisches Konzil, *Lumen Gentium* 3; vgl. KKK 763).

Doch die Kirche wird vor allem im Leiden und Sterben Christi geboren. Als Jesus am Gründonnerstag über dem Brot die Worte spricht: „Das ist mein Leib“, und über dem Wein: „Das ist mein Blut“, kündigt er an und vollzieht bereits die Ganzhingabe aus Liebe an seinen Vater im Kreuzesopfer zu unserer Rettung. Er setzt die Eucharistie ein und lässt sein Opfer fortbestehen mit dem Auftrag an die Apostel: „Tut dies zu meinem Gedächtnis!“ Am Karfreitag durchbohrt ihm ein Soldat das Herz, um sich zu vergewissern, dass er wirklich tot ist, und da fließen Blut und Wasser heraus. Der heilige Johannes, der Zeuge dieses Geschehens ist, berichtet davon, damit auch wir glauben, dass uns durch den Tod Jesu am Kreuz das Heil geschenkt wird. Darum wollen uns das II. Vatikanische Konzil und der *Katechismus der Katholischen Kirche* sagen, dass „der Anfang und das Wachstum der Kirche zeichenhaft angedeutet werden durch Blut und Wasser, die aus der geöffneten Seite des gekreuzigten Christus heraustreten“ (II. Vatikanisches Konzil, *Lumen Gentium* 3; KKK 766).

Der heilige Lukas liefert uns in der *Apostelgeschichte* (Kapitel 1 und 2) eine Vorstellung davon, wie die Kirche „öffentlich in Erscheinung zu treten“ begann. Das war in Jerusalem, der Stadt, wo Jesus gestorben und auferstanden ist. Die Apostel und die Jünger Jesu sind alle zusammen in einem Haus, Maria, die Mutter Jesu, und noch einige andere Frauen sind auch dort. Sie warten auf den Beistand, den Jesus ihnen verheißen hat, und beten gemeinsam. Dann, am ***fünfzigsten Tag,*** kommt er: Das Brausen des Geistes Gottes senkt sich vom Himmel auf sie herab, ein heftiger Sturm erfüllt das Haus und reißt ihre Herzen mit sich. Nun fürchten sie sich nicht mehr vor denen, die Jesus verfolgt und verurteilt haben. Die Jünger sind von Freude und Kraft erfüllt. Nun können sie sich nicht mehr länger einschließen, sie müssen hinausgehen, um die Frohe Botschaft zu verkünden.

Vor dem Haus versammelt sich eine Menschenmenge, Leute aus aller Herren Länder, die den Sturm des Geistes wahrgenommen haben. Von der Begeisterung der Apostel ergriffen, hören sie ihr Zeugnis von Jesus, dem Sohn Gottes, und jeder vernimmt die Botschaft in seiner Sprache.

Die Menschen, in denen der Geist Jesu lebt, verstehen sich, obwohl sie nicht dieselbe Sprache sprechen. Sie sind einander nicht mehr fremd, welcher Nation oder Rasse sie auch angehören.

An diesem Tag, dem Pfingsttag, hält der heilige Petrus, der Erste der Apostel, die Eröffnungsrede zur Mission für Christus. Seine Predigt ist so überzeugend, dass alle, die ihn hören, sich mitten ins Herz getroffen fühlen. An diesem Tag nehmen - wie der heilige Lukas berichtet - einige tausend Menschen den Glauben an; sie empfangen die Taufe und werden zu einem beeindruckenden Teil der Gemeinschaft in Jesus Christus: Brüder und Schwestern, die Kirche Christi.

Diese Menschen kommen aus zahlreichen Ländern, und ihre Taufe ist eine erste Umsetzung des Gebotes Jesu: „Macht alle Menschen zu meinen Jüngern; tauft sie auf den Namen des Vaters und des Sohnes und des Heiligen Geistes" (Mt 28, 19). Von Anfang an sieht man, dass „die Kirche ihrer Natur nach missionarisch ist, von Christus zu allen Völkern gesandt, um alle Menschen zu Jüngern zu machen" (KKK 767).

Aber wir wissen auch, wie die Kirche ganz am Anfang lebte: Die ersten Christen erwiesen sich eifrig in der Lehre der Apostel, im Brotbrechen und im Gebet. Sie hielten treu an der brüderlichen Gemeinschaft fest und gaben jedem, was er brauchte.

Der fünfzigste Tag (Pfingsten): Der Tag, an dem die jüdische Gemeinde das Gedächtnis des von Gott mit ihr am Berg Sinai geschlossenen Bundes begeht. Die Kirche feiert diesen Tag als ihr Pfingsten, das heißt die Ausgießung des Heiligen Geistes über der Urkirche von Jerusalem zu Pfingsten, fünfzig Tage nach Ostern.

Am fünfzigsten Tag geschah es:
Der Geist Gottes kam vom Himmel auf sie herab

Wir sagen heiliger Petrus und denken an den Papst,
der als sein Nachfolger die Kirche leitet.
Wir sagen heiliger Paulus von Tarsus
oder heiliger Remigius von Gallien
und denken an alle jene - die Apostel und ihre Nachfolger -,
die das Evangelium weitergeben.
Wir sagen heiliger Franz Xaver von Spanien
oder heiliger Lorenzo Ruiz von den Philippinen und denken an alle,
die den Glauben zu Christus bis an die äußersten
Grenzen der Erde tragen.
Wir sagen heiliger Charles Lwuanga von Uganda
oder heiliger Paul Miki von Nagasaki und denken an alle,
die zum Zeugnis für ihre absolute Treue zu Christus
als Märtyrer sterben.
Wir sagen heiliger Benedikt von Nursia oder heilige
Theresia von Avila
und denken an alle, die ihr Leben Gott weihen.
Wir sagen heiliger Franz oder heilige Klara von Assisi
und denken an alle, die mit den Armen arm sind.
Wir sagen heiliger Vinzenz von Paul oder heilige
Elisabeth von Thüringen
und denken an alle, die sich dem Dienst am Nächsten widmen.
Wir sagen heiliger Maximilian Kolbe von Polen
oder seliger Pater Damian von Molokai und denken an alle,
die für ihre Brüder und Schwestern ihr Leben hingeben.
Wir sagen heilige Kateri Tekakwitha von Kanada
oder heiliger Juan Diego von Mexiko und denken
an alle diese kleinen Leute,
die ihren Glauben zu Christus in der Armut des Geistes gelebt haben.
Wir sagen „Christen“ und denken an alle,
die überall auf der Welt und von Geschlecht zu Geschlecht
der Geist lebendig macht.

Gott heiligt die Kirche mit der ganzen Menschlichkeit und der Schwachheit ihrer Amtsträger und ihrer Gläubigen. Darum ist und bleibt die Kirche für die Welt das sichtbare Zeichen der Heiligkeit Gottes. Weil der Geist Jesu in ihr wirkt, kann die Kirche den Kräften des Bösen die Stirn bieten und die Frohe Botschaft in der Welt verbreiten. Ja, selbst die Pforten der Unterwelt werden sie nicht überwältigen.

Wir beten:

„Ja, du bist heilig, großer Gott,
und alle deine Werke verkünden dein Lob.
Denn durch deinen Sohn, unseren Herrn Jesus Christus,
und in der Kraft des Heiligen Geistes
erfüllst du die ganze Schöpfung mit Leben und Gnade."

AUS DEM DRITTEN HOCHGEBET DER EUCHARISTIEFEIER

- Die eine, heilige Kirche ist ***katholisch***

Der eine Gott ist der Gott aller Menschen. Er wendet sich ihnen mit Wohlwollen zu und will sie, ganz gleich an welchem Ort und in welcher Zeit sie leben, zum Heil führen, dessen alleinige Quelle Christus ist.

Die Kirche Jesu Christi ist die Treuhänderin des Erbes des Herrn und verkündet Christus als die Hoffnung aller Menschen. Sie ist das Zeichen und Unterpfand seiner rettenden Liebe. Und das nicht nur für diejenigen, die im Schoße der römisch-katholischen Kirche getauft werden, sondern für alle, die mit Gott versöhnt leben. Sowohl die Menschen, die Gott in anderen Glaubensgemeinschaften oder anderen Religionen dienen, wie jene, die nichts von Gott wissen, sind der einen Kirche zugeordnet. Wenn sie getreu ihrem Gewissen folgen, haben sie bereits an der Gnade Christi teil, und diese Gnade verlangt in ihnen nach der ausdrücklichen Entdeckung Jesu, um zu ihrer vollen Entfaltung zu gelangen. Darum ist die Kirche von Natur aus für alle offen: Sie ist katholisch, das heißt universal.

„Noch nie hatte die Kirche so wie heute die Möglichkeit, das Evangelium durch das Zeugnis und das Wort allen Menschen und allen Völkern zukommen zu lassen.

Ich sehe ein neues Missionszeitalter heraufdämmern, das zu einem hellen Tag, reich an Früchten werden wird, wenn alle Christen, besonders die Missionare und die jungen Kirchen, mit Hochherzigkeit und Heiligkeit auf die Appelle und Herausforderungen unserer Zeit antworten.

Wie die Apostel nach der Himmelfahrt Christi, so muss sich die Kirche im Abendmahlssaal versammeln ‚mit Maria, der Mutter Jesu' (Apg 1, 14), um den Geist zu erflehen und Kraft und Mut für die Erfüllung des Missionsauftrages zu erhalten.

Auch wir, mehr noch als die Apostel, müssen vom Geist verwandelt und geführt werden."

JOHANNES PAUL II., REDEMPTORIS MISSIO 92

- Die eine, heilige, katholische Kirche ist ***apostolisch***

Von Anbeginn seines Wirkens in der Öffentlichkeit beruft Jesus Jünger, damit sie ihn begleiten, hören, was er sagt, und sehen, was er tut. Er wählt unter ihnen zwölf Männer aus, die seine Zeugen werden sollen - von der Taufe im Jordan bis zu seiner Auferstehung. Er sendet die Zwölf, die Apostel, dorthin, wo er selbst nicht hinkommt, damit sie die Frohe Botschaft verkünden und Kranke heilen.

Der Auferstandene hat dem heiligen Petrus, dem Ersten unter den Aposteln, eine besondere Verantwortung gegenüber der Kirche aufgetragen. Vereint mit Petrus bilden die Apostel zusammen das Fundament der Kirche. Sie verkünden das Evangelium, verteidigen die Lehre Jesu und übernehmen, mit dem Beistand des Heiligen Geistes, die Bürgschaft für die volle und unverfälschte Wahrheit. Sie üben ihre Hirten- und Führungsrolle aus, indem sie die Kirche so leiten, dass diese ihre Sendung zum Heil und zur Heiligung der Welt erfüllen kann.

Die Apostel geben ihren Sendungsauftrag an andere weiter: das sind die Bischöfe. Die Nachfolge der Bischöfe von Rom - der Päpste - geht ohne Unterbrechung auf den heiligen Petrus zurück. In Gemeinschaft mit dem Papst und unter seiner Leitung führen die Bischöfe - die selber Nachfolger der Apostel sind - die Kirche durch die Jahrhunderte.

Voll Sorge um die Einheit der Kirche mahnt der heilige Paulus:

„Führt ein Leben,
das des Rufes würdig ist, der an euch erging.
Seid demütig, friedfertig und geduldig,
ertragt einander in Liebe
und bemüht euch, die Einheit des Geistes zu wahren
durch den Frieden, der euch zusammenhält.
Ein Leib und ein Geist
wie euch durch eure Berufung
auch eine gemeinsame Hoffnung gegeben ist;
ein Herr, ein Glaube, eine Taufe,
ein Gott und Vater aller, der über allem
und durch alles und in allem ist."

BRIEF AN DIE EPHESER 4, 1-6

Einheit - Ökumenismus: Weil sie „eine" ist, bemüht sich die Kirche um die Einheit der noch immer getrennten Christen: „ ‚Mit jenen, die als Getaufte mit dem christlichen Namen ausgezeichnet sind, den vollständigen Glauben aber nicht bekennen oder die Einheit der Gemeinschaft unter dem Nachfolger des Petrus nicht wahren, weiß sich die Kirche aus mehreren Gründen verbunden.' ‚Wer an Christus glaubt und in der rechten Weise die Taufe empfangen hat, steht dadurch in einer gewissen, wenn auch nicht vollkommenen Gemeinschaft mit der katholischen Kirche.' Die Gemeinschaft mit den orthodoxen Kirchen ist so tief, ‚dass ihr nur wenig fehlt, um zu der Fülle zu gelangen, die zu einer gemeinsamen Feier der Eucharistie des Herrn berechtigt' " (KKK 838).
Um dem Gebot des Herrn - „Alle sollen eins sein" (Joh 17, 21) - zu gehorchen, setzt die Kirche alles daran, um wieder zur vollen Gemeinschaft mit allen diesen getrennten Brüdern zurückzufinden. Um dahin zu gelangen, lernen wir uns gegenseitig schätzen und achten, während die Theologen der verschiedenen Kirchen und kirchlichen Gemeinschaften miteinander in Dialog treten, damit wir eines Tages alle denselben Glauben, den Glauben der einen Kirche, bekennen können. Diese Bewegung nennt sich „Ökumenismus".

Heilig: Gott ist nicht wie die Menschen. Er ist der ganz Andere: transzendent, allmächtig, allwissend, allgegenwärtig. Er übersteigt alles, was wir sagen, denken und uns vorstellen können. Vor allem ist er grenzenlose Liebe, so dass sich seine Allmacht in seiner Güte und seiner sich verschenkenden Liebe äußert. Diese unendliche Vollkommenheit Gottes, das Mysterium seines Wesens wollen wir aussprechen, wenn wir sagen: Er ist heilig. Die Kirche kanonisiert (das heißt spricht heilig, erklärt zu Heiligen) gewisse Menschen - Männer und Frauen - wegen des Zeugnisses, das sie durch ihre ganze, zu Liebe gewordene Person für Christus erbracht haben. Die Heiligen - an erster Stelle die Selige Jungfrau - sind unsere Vorbilder und unsere Fürsprecher bei Gott. „Die Kirche ist heilig: Der heilige Gott ist ihr Urheber; Christus, ihr Bräutigam, hat sich für sie hingegeben, um sie zu heiligen; der Geist der Heiligkeit belebt sie. Zwar gehören ihr auch Sünder an, doch ist sie ‚die Sündenlose, die aus Sündern besteht'. In den Heiligen erstrahlt ihre Heiligkeit; in Maria ist sie schon vollkommen heilig" (KKK 867).

Katholisch: Das bedeutet: „Die Kirche verkündet den ganzen Glauben; sie hat und spendet die Fülle der Heilsmittel; sie ist zu allen Völkern gesandt; sie wendet sich an alle Menschen; sie umfasst alle Zeiten; sie ist ‚ihrem Wesen nach missionarisch' " (II. Vatikan. Konzil, *Ad Gentes* 2; KKK 868).

Apostel, apostolisch: „Der Gesandte"; er spricht mit der Autorität dessen, der ihn sendet. Die Zahl von zwölf Aposteln weist auf die zwölf Stämme Israels hin und will andeuten, dass Jesus das neue und endgültige Gottesvolk sammelt. Die Kirche wird apostolisch genannt, denn die Bischöfe folgen direkt den Aposteln nach und hüten das Gut, das sie selbst vom Herrn empfangen haben.

Verkündet im Namen Jesu das Evangelium

10.3 Hierarchie und Ämter

Der Auferstandene sendet zwölf Männer, seine Apostel, zu allen Völkern, die die Erde bewohnen. Kann diese Sendung gelingen? Die Apostel machen den Anfang in Jerusalem. Sie predigen, taufen, feiern die Eucharistie zum Gedächtnis des Herrn. Selbst als sie verfolgt werden und ihnen das Reden verwehrt wird, lassen sie sich nicht einschüchtern. Sie verlassen Jerusalem und ziehen in die Dörfer und Städte. Sie setzen an die Spitze der entstehenden Gemeinden bewährte Männer, denen sie durch Handauflegen die Vollmacht als Missionare und Wanderprediger erteilen.

Am besten wissen wir über den heiligen Paulus Bescheid, den der auferstandene Herr zum Heidenapostel einsetzt. Der heilige Paulus zieht von Stadt zu Stadt, von Land zu Land, bis er schließlich - als Gefangener - in Rom eintrifft. Er gründet überall Gemeinden und setzt an ihre Spitze fromme Männer, denen er die Hände auflegt. An sie und an diese Gemeinden wendet er sich in seinen Briefen. Diese Briefe informieren uns unter anderem über die Fragen, die für die entstehenden Gemeinden wichtig waren, und über die Schwierigkeiten, mit denen sie sich konfrontiert sahen. Wenn ein Problem auftaucht, mit dem Paulus nicht allein fertig werden kann, begibt er sich nach Jerusalem. Dort kommen die Apostel zusammen, um in vollem Vertrauen auf den Heiligen Geist über die Angelegenheit zu diskutieren und Regelungen für die künftige Leitung der Kirche Jesu Christi zu beschließen.

Alle, die für ein Amt in der Kirche bestellt werden, betreffen die beiden folgenden Worte des Herrn:

„Wer euch aufnimmt, der nimmt mich auf."

EVANGELIUM NACH MATTHÄUS 10, 40

„Ihr wisst, dass die, die als Herrscher gelten, ihre Völker unterdrücken und die Mächtigen ihre Macht über die Menschen missbrauchen. Bei euch aber soll es nicht so sein, sondern wer bei euch groß sein will, der soll euer Diener sein."

EVANGELIUM NACH MARKUS 10, 42-43

Die Kirche wächst und die Zeit vergeht. Damit von der heiligen Überlieferung nichts verloren geht bzw. bei der Weitergabe nichts verfälscht wird, beginnt man damit, die Überlieferung über Jesus niederzuschreiben. Wir glauben, dass bei dieser Abfassung der Heilige Geist zugegen war und dass jene, die diese heiligen Texte geschrieben haben, authentische und zuverlässige Zeugen sind.

Die Männer und Frauen, die Jesus nach Jerusalem begleitet hatten, sterben. Die Kirche erlebt, dass in ihr eine Hierarchie und klar definierte Ämter Gestalt annehmen, um die Sendung Christi auf Erden fortzuführen; der Erste und zugleich „der Diener der Diener Gottes“ ist der Bischof von Rom: der Papst. In Gemeinschaft mit dem Papst und untereinander wachen die Bischöfe als Nachfolger der Apostel über den Glauben und das Wachsen der Kirche in ihren Teilkirchen (Diözesen). Sie weihen Priester, die ihre Mitarbeiter sind und von denen die meisten eine Pfarrei leiten. Die Priester verkünden das Evangelium, spenden die Sakramente, feiern die Eucharistie, stehen dem Gebet vor und treten bei Christus, dem einzigen Mittler, für andere ein. Unter der Leitung des Bischofs und in Gemeinschaft mit den anderen Priestern der Diözese sind sie die Leiter und Hirten ihrer Gemeinde, helfen den ihnen anvertrauten Gläubigen und begleiten sie auf ihrem Weg zu Gott.

„In der Hierarchie eine Stufe tiefer stehen die Diakone, welche die Handauflegung ‚nicht zum Priestertum, sondern zur Dienstleistung empfangen‘ (*Lumen Gentium* 29) ... Aufgabe der Diakone ist es unter anderem, dem Bischof und den Priestern bei der Feier der göttlichen Geheimnisse, vor allem der Eucharistie, zu helfen, die heilige Kommunion zu spenden, der Eheschließung zu assistieren und das Brautpaar zu segnen, das Evangelium zu verkünden und zu predigen, den Begräbnissen vorzustehen und sich den verschiedenen karitativen Diensten zu widmen“ (KKK 1569-1570).

Die Ämter dienen der Heiligkeit aller Gläubigen:

> „Es gibt darum kein Glied der Kirche, das nicht Anteil an der Sendung des ganzen Leibes hätte; jedes muss vielmehr Jesus in seinem Herzen heilig halten und durch den Geist der Verkündigung Zeugnis von Jesus ablegen.
>
> Da die Priester für ihren Teil am Amt der Apostel teilnehmen, wird ihnen von Gott die Gnade verliehen, Diener Jesu Christi unter den Völkern zu sein, die das heilige Amt des Evangeliums verwalten, damit die Völker eine wohlgefällige und im Heiligen Geist geheiligte Opfergabe werden. Durch die apostolische Botschaft des Evangeliums nämlich wird das Volk Gottes zur Einheit berufen, so dass alle, die zu diesem Volk gehören, im Heiligen Geist geheiligt sind und sich selbst als ‚lebendiges, heiliges, Gott wohlgefälliges Opfer‘ (Röm 12, 1) darbringen.“

II. Vatikanisches Konzil, Presbyterorum ordinis 2

Ich glaube an den Heiligen Geist,
der die Kirche Jesu Christi
und jeden von uns heiligt,
indem er in unsere Herzen
die ungeschuldete Liebe ausgießt, die uns geschenkt ist.

Ich glaube an den Heiligen Geist,
der in der Kirche Jesu Christi wirkt
und jedem von uns ermöglicht,
dem Nächsten zu vergeben,
ihn anzuhören und zu lieben.

Ich glaube an den Heiligen Geist,
der die Kirche Jesu Christi begleitet
und jeden von uns antreibt,
vor allen Zeugnis zu geben
von der Berufung, die an uns ergangen ist.

10.4 Die Laien

Es ist sehr aufschlussreich, dass das Wort „Laie“ vom griechischen Ausdruck „laós“, Volk, kommt. „Laie“ bedeutet also „einer, der zum Volk gehört“. So verstanden, ist es ein sehr schöner Ausdruck. Eine lange geschichtliche Entwicklung hat leider dazu geführt, dass im weltlichen - vor allem im politischen - Sprachgebrauch dem Begriff „Laie“ ein Gegensatz zur Religion und im besonderen zur Kirche unterstellt wird.

In der christlichen Sprache heißt „Laie“ das Glied des Volkes Gottes, das inmitten der Welt lebt und sich aktiv in die Alltagssituationen des Lebens in Familie und Gesellschaft einbringt. Der Laie sucht nach dem Reich Gottes, indem er nach dem Gleichnis vom Sauerteig, der die ganze Masse durchdringen muss, gleichsam von innen her an der Heiligung der Welt arbeitet. Er handelt so, dass die zeitlich-irdische Wirklichkeit entsprechend den Anforderungen des Evangeliums ständig reift und gedeiht. Man versteht also den säkularen Charakter der Laien nicht in einer rein „weltlichen“ Dimension, da die Laien Getaufte sind, die als Adoptivkinder Gottes in der Welt arbeiten; sie sollen „ein immer tieferes Bewusstsein gewinnen, dass sie nicht nur *zur Kirche gehören, sondern die Kirche sind*, das heißt, die Gemeinschaft der Gläubigen auf Erden“ unter der Führung des Papstes, der mit ihm geeinten Bischöfe und den Priestern, die Mitarbeiter der Bischöfe sind (vgl. Johannes Paul II., *Christifideles laici* Nr. 9).

Da sie getauft und gefirmt sind, müssen sich die Laien in der Sendung engagieren, die Christus dem ganzen Volk Gottes aufgetragen hat: Sie haben auf ihre Weise teil am Priester-, Propheten- und Königsamt Christi:

- **Das Priesteramt:** Jesus ist der eine Priester, der sich dem Vater dargebracht hat zur Ehre Gottes und zum Heil der Welt. Er schenkt den Getauften seinen Geist, damit sie sind wie er: Sie tragen in der Welt schöne Früchte, und Jesus nimmt sie hinein in seine Hingabe an den Vater, damit ihr ganzes Leben Gott zu Lob und Ehre gereiche. „Alle ihre Werke, Gebete und apostolischen Unternehmungen, ihr Ehe- und Familienleben, die tägliche Arbeit, die geistige und körperliche Erholung, wenn sie im Geist getan werden, aber auch die Lasten des Lebens, wenn sie geduldig ertragen werden, sind ‚geistige Opfer, wohlgefällig vor Gott durch Jesus Christus'." Bei der Eucharistiefeier bieten die Laien ihre Person und alles, was sie tun, dar, wie es dem Geist des Evangeliums entspricht; diese geistigen Opfer „werden mit der Darbringung des Herrenleibes dem Vater in Ehrfurcht dargeboten. So weihen auch die Laien, überall Anbeter in heiligem Tun, die Welt selbst Gott" (II. Vatikanisches Konzil, *Lumen Gentium* 34).

- **Das Prophetenamt:** Viele glauben, die Verkündigung des Evangeliums sei den Priestern und Ordensmännern vorbehalten. Tatsächlich aber fordert Jesus, der große Prophet, von allen Getauften, Zeugen zu sein; er erteilt ihnen den Auftrag, an jedem Tag ihres Lebens, in ihren Familien und durch alle ihre Beziehungen die Kraft des Evangeliums erstrahlen zu lassen. Die Laien sind überall, wo sie leben, in allen Tätigkeitsbereichen, wo sie sich einsetzen, aufgerufen, durch ihr Wort und ihre Lebensweise ihren Glauben zu bezeugen, um der Neuevangelisierung einen starken Impuls zu verleihen.

- **Das Königsamt:** Christus, der König, lässt alle Getauften an seinem Königtum dadurch teilhaben, dass er sie von der Knechtschaft der Sünde befreit. Die Heiligen werden nicht mehr gegen ihren Willen von ihren Leidenschaften und den Kräften des Bösen verführt; sie sind Herr ihrer selbst, denn alles in ihnen ist vom Heiligen Geist gereinigt, befriedet und erleuchtet. Sie sind frei. Das ist unsere christliche Berufung. Das hat eine wichtige Konsequenz, denn wenn wir die Kräfte unseres Wesens im Licht des Evangeliums zu beherrschen wissen, verbindet sich unser einfachstes, alltäglichstes Tun mit dem Bemühen aller Menschen guten Willens, die für die Verbesserung der Lebensbedingungen der Menschheit arbeiten. Auf diese Weise arbeiten die christlichen Laien am Werk des Schöpfers mit. Sie fördern, jeder an seinem Platz, eine neue Kultur und eine Zivilisation des Lebens und der Wahrheit, der Gerechtigkeit und des Friedens, der Solidarität und der Liebe, die es Christus erlauben wird, alles in allen zu sein.

Darum erfordert ihre besondere Rolle in der Kirche von den Laien ein tiefes geistliches Leben, das jeden Tag nach der Heiligkeit strebt. Durch ihren persönlichen Einsatz für die Heiligung inmitten der Welt haben die Laien an der Heiligkeit der Kirche teil. Ja, die Kirche ist heilig und alle ihre Glieder sind zur Heiligkeit berufen. Diese Berufung zur Heiligkeit ist für alle dieselbe, für Bischöfe, Priester, Ordensleute und Laien, Reiche und Arme. Der Heiligkeitsgrad hängt nicht von der Stellung in der Gesellschaft oder in der Kirche ab; er hängt einzig und allein vom Grad der Liebe ab, den einer besitzt (vgl. 1 Kor 13).

10.5 Das gottgeweihte Leben

Der Mann ist der Frau und die Frau dem Mann zugeordnet. Aber es gab und gibt weiterhin in der Kirche Männer und Frauen, die um des Reiches Gottes willen freiwillig in Ehelosigkeit leben. Gott hat dem Menschen die Erde geschenkt, damit er dort seine Fähigkeiten entfalte, seine Existenz sicherstelle und sich über den Ertrag seiner Arbeit freue. Doch es gab, gibt und wird weiterhin in der Kirche Männer und Frauen geben, deren einziger Reichtum Christus ist und die freiwillig in Armut und unter Verzicht auf Güter leben. Gott hat dem Menschen das natürliche Verlangen geschenkt, im Leben seinen eigenen Weg zu suchen und selbst Entscheidungen zu treffen. Doch es gab und gibt noch immer in der Kirche Männer und Frauen, die freiwillig geloben, einem Oberen oder einer Oberin zu gehorchen. Sie tun das, weil für sie das Wort, das Jesus am See Gennesaret an die Fischer gerichtet hat: „Kommt und folgt mir nach!" wichtiger ist als alles andere. Sie haben alles verlassen und finden ihr Glück allein in der Nachfolge Christi und in der Zunahme seines Reiches.

Viele Männer und Frauen leben nach diesem Ideal. Sie wollen frei und für Gott verfügbar sein; ein Zeichen dafür, dass Gott in unserer Menschenwelt gegenwärtig ist. Die meisten dieser Männer und Frauen, die sich von Gott berufen wissen, schließen sich zu Ordensfamilien zusammen, in denen sie in Gemeinschaft leben und dienen. Im Laufe der Kirchengeschichte sind religiöse Orden sehr oft entstanden - und entstehen auch heute noch -, um auf die Bedürfnisse ihrer Zeit zu antworten: Die einen widmen sich dem kontemplativen Gebet; andere führen ein Leben, das Gebet und aktives Tun miteinander verbindet. Die einen lehren und verkünden das Evangelium, andere kümmern sich um die Armen, um Kinder, die keiner haben will, um Kranke, Behinderte und Sterbende. Man unterscheidet zwischen „beschaulichen“ (kontemplativen) und „tätigen“ (aktiven) Orden. In der heutigen Zeit gibt es auch Institute, deren Mitglieder vollkommen Gott geweiht sind, sich aber äußerlich nicht von den Menschen ihrer Umgebung unterscheiden.

Die Orden und Ordensgemeinschaften tragen oft den Namen ihres Gründers: heiliger Benedikt, heiliger Franz, heiliger Vinzenz von Paul. Bei anderen bezieht sich der Name auf ihre Sendung: die Töchter der göttlichen Liebe, die Missionarinnen der Nächstenliebe, die Christlichen Schulbrüder. Jedes Institut folgt einer „Regel“, die sein Charisma zum Ausdruck bringt und ihm seine eigene Orientierung gibt. Allen gemeinsam ist aber die Verpflichtung zur Armut, zur Keuschheit in Ehelosigkeit und zum Gehorsam: drei Vorschriften, an denen sich die Treue zu ihrer in der Weihe gelobten Ganzhingabe an Jesus misst. Man nennt diese Vorschriften die „evangelischen Räte“.

Nach diesen evangelischen Räten zu leben, ist nicht leicht. Wer sich dazu entscheidet, muss sich viele Jahre prüfen und darin üben, bevor er sich für eine bestimmte Zeit oder für das ganze Leben verpflichtet (Ablegung der „zeitlichen Gelübde“ oder der „ewigen Gelübde“).

Die heilige Theresia von Avila sagt:

„Nichts soll dich ängstigen,
nichts dich erschrecken.
Alles geht vorüber,
Gott allein bleibt derselbe.
Alles erreicht der Geduldige,
und wer Gott hat,
der hat alles.
Gott allein genügt.“

11. Die Gemeinschaft der Heiligen

11.1 Jesus gründet die Gemeinschaft der „Heiligen"

Das Bekenntnis zur „heiligen katholischen Kirche" ist nicht von dem Bekenntnis zur „Gemeinschaft der Heiligen" zu trennen. Die Kirche ist die Kirche Christi. Alle, die zur Kirche gehören, befinden sich in Glaubens- und Liebesgemeinschaft mit Christus; sie empfangen alles von ihm, besonders durch die Sakramente: sie empfangen das Sakrament seines Leibes und seines Blutes, die Vergebung ihrer Sünden usw. Der Geist Christi, der den Glaubenden gegeben ist, gießt die Liebe Gottes in ihre Herzen aus (vgl. Röm 5, 5). So haben alle Glieder der Kirche „Gemeinschaft an den heiligen Dingen" (vgl. KKK 947-948).

> „Stärke uns durch den Leib und das Blut deines Sohnes
> und erfülle uns mit seinem Heiligen Geist,
> damit wir ein Leib und ein Geist werden
> in Christus."
>
> AUS DEM DRITTEN HOCHGEBET DER EUCHARISTIEFEIER

Aber es gibt noch eine andere Gemeinschaft: die Gemeinschaft zwischen allen Gliedern der Kirche, die der heilige Paulus die „Heiligen" nennt. Die Kirche umfasst drei Stände: Zum ersten gehören wir selber, die wir noch als Pilger auf der Erde unterwegs sind zur Heiligkeit und zum Reich des Vaters, wo wir ihn von Angesicht zu Angesicht sehen werden. Unsere verstorbenen Brüder hingegen gehören zum zweiten Stand. Manche von ihnen werden gereinigt, ehe sie jene erreichen (dritter Stand), die sich fortan in der Herrlichkeit Gottes befinden, wohin der auferstandene Christus gegangen ist, um uns einen Platz zu bereiten. Ob sie sich im einen oder anderen Stand befinden, „alle, die zu Christus gehören, wachsen im Besitz seines Geistes zu der einen Kirche zusammen und hängen in ihm zusammen" (KKK 954).

Nur innerhalb einer Gemeinschaft kann der Mensch werden, was er ist. Nur in ihrem Schoß kann er seine Gaben fruchtbar zum Tragen bringen, die Besonderheiten seines Wesens einsetzen und sich dadurch selbst verwirklichen. Wir wissen, dass die Gemeinschaft für uns lebenswichtig ist - und für uns Christen ist diese Gemeinschaft die Kirche.

- In dieser Gemeinschaft sind die „Kleinen" die Leitbilder, damit klar wird, dass die Dinge nicht vom Wollen und Streben des Menschen abhängen, sondern von dem sich erbarmenden Gott (vgl. Röm 9, 16): Jesus nimmt Kinder in seine Arme und sagt zu den Erwachsenen: Nehmt euch ihr Vertrauen zum Vorbild, denn „wenn ihr nicht umkehrt und wie die Kinder werdet, könnt ihr nicht in das Himmelreich kommen" (Mt 18, 3). Er wählt zu Aposteln Fischer vom See Gennesaret, „ungelehrte" Männer (Apg 4, 13), und vertraut ihnen an, unter der Führung seines Geistes seine Kirche zu sammeln und zu leiten.

- In dieser Gemeinschaft hat jeder eine Chance; er wird aufgenommen und kann sich vom Geist verwandeln lassen: Jesus nimmt die Einladung der Zöllner an und isst zusammen mit ihnen (vgl. Mk 2, 15); zu einer fremden Frau spricht er vom Reich Gottes (vgl. Joh 4). Zu den Sündern sagt er: Gott vergibt euch, sündigt nicht mehr. Und zu den Reichen sagt er: Was ihr den Armen gebt, ist, als würdet ihr es mir geben.

- In dieser Gemeinschaft lernen die vom Leben Benachteiligten, worauf sie mit Recht hoffen dürfen: Jesus wird ganz ihr Nächster, indem er Kranke und Behinderte heilt und Besessene von bösen Geistern befreit.

- In dieser Gemeinschaft ist die Jungfrau Maria, die Mutter des Erlösers, auch ausdrücklich die Mutter aller Glieder der Kirche. Dadurch, dass sie Jesus - dem Haupt des Leibes, der die Kirche ist - das Leben schenkte, hat sie in der Tat daran mitgewirkt, dass die Glieder dieses Leibes, die Gläubigen, geboren werden (vgl. KKK 963). Durch ihren Glauben, ihre Hoffnung und ihre brennende Liebe ist sie uns in der Ordnung der Gnade Mutter geworden, und ihre Mutterrolle uns gegenüber dauert unaufhörlich fort (vgl. KKK 968-969).

- In dieser Gemeinschaft helfen sich alle gegenseitig und beten füreinander. Die Heiligen im Himmel leisten Fürbitte für die Menschen auf der Erde. Die heilige Theresia vom Kinde Jesu sagte: „Ich möchte meinen Himmel verlassen, um auf der Erde Gutes zu tun" (*Derniers Entretiens* - Letzte Gespräche -, 17. Juli). Wir selbst beten für die Verstorbenen, damit sie in die Herrlichkeit des Vaters eingehen. Mit Nächstenliebe und Dienstbereitschaft beten wir füreinander, um in unserem christlichen Leben vom Geist unterstützt zu werden. Jedes Jahr feiert die Kirche Allerheiligen und das Gedenken an die verstorbenen Gläubigen (am 1. und 2. November) als Fest der Gemeinschaft der Heiligen.

> „Als Jesus seinen Jüngern die Füße gewaschen hatte ..., sagte er zu ihnen: Begreift ihr, was ich an euch getan habe? Ihr sagt zu mir Meister und Herr, und ihr nennt mich mit Recht so; denn ich bin es. Wenn nun ich, der Herr und Meister, euch die Füße gewaschen habe, dann müsst auch ihr einander die Füße waschen. Ich habe euch ein Beispiel gegeben, damit auch ihr so handelt, wie ich an euch gehandelt habe."
>
> EVANGELIUM NACH JOHANNES 13, 12-15

11.2 Erlernen des gemeinschaftlichen Lebens

In den christlichen Gemeinden sammeln sich Leute aller Art und verschiedenster Herkunft, die im Alltagsleben wahrscheinlich recht wenig miteinander gemeinsam hätten: Juden und Heiden, Reiche und Arme, Männer und Frauen, Kaufleute und Bauern, Lehrer und Künstler, Junge und Alte, Glückskinder und Pechvögel, Gesunde und Kranke, Grundbesitzer und Tagelöhner. Sie teilen das, was für sie wichtig geworden ist: den Glauben an Jesus, das Vertrauen in sein Wort, den Platz am Tisch seines eucharistischen Mahles, die Hoffnung auf das Leben, das er denen verheißt, die ihm nachfolgen. Wenn sie beten, tun sie es so, wie er es sie gelehrt hat: „Vater unser ..." Sie nennen einander „Brüder" und „Schwestern".

Dieses brüderliche Verhalten ist nicht selbstverständlich in einer Welt, die das Ansehen eines Mannes oder einer Frau danach beurteilt, wie er oder sie sich gegenüber den anderen behauptet. Die Christen bekommen diese Haltung nicht automatisch bei ihrer Taufe verliehen. Jeder in der Gemeinde kann sich irren, sich an seinem Nächsten versündigen, schuldig werden. Diese Erfahrung haben schon die ersten Gemeinden gemacht. Wir können von ihrer Erfahrung profitieren, um zu wissen, wie wir trotz unserer Schuld und unserer Irrtümer miteinander leben können.

Die vom heiligen Paulus gegründete Gemeinde von Korinth ist ein gutes Beispiel, denn wir kennen ihre Probleme und die Ermahnungen, die Paulus an sie gerichtet hat. Da gibt es Christen, „Heilige", die Rechtsstreitigkeiten miteinander haben und diese vor den Gerichten der „Ungerechten", das heißt der Heiden, austragen (vgl. 1 Kor 6, 1-11). Der heilige Paulus fordert sie energisch auf, Frieden zu schließen und sich zu versöhnen.

Andere zögern, auf dem Markt Fleisch zu kaufen, das für heidnische Götzenopfer bestimmt ist, oder es zu essen, wenn sie eingeladen sind. Der heilige Paulus stärkt sie in ihrer Freiheit als Christen: Die Götzen haben keine Bedeutung, und nicht mehr oder weniger Bedeutung hat dieses Fleisch. Doch gleichzeitig ermahnt er sie, auf die „Schwachen" der Gemeinde zu achten, die diesem Fleisch einen religiösen Wert beimessen könnten, wenn sie sehen, dass andere Christen davon essen. Es geht darum, bei ihnen keinen „Anstoß" zu erregen (vgl. 1 Kor 8, 1-13).

Ebenso wird über die verschiedenen Dienste in der Gemeinde debattiert, um herauszufinden, welcher Dienst Gott am gefälligsten ist (vgl. 1 Kor 12, 12-31). Der heilige Paulus löst dieses Problem, indem er sich eines Vergleiches bedient, der treffend zeigt, was er unter „Gemeinde" versteht. Er schreibt: Mit der Gemeinde ist es wie mit unserem Leib. Dieser besteht aus verschiedenen Gliedern: Augen zum Sehen, Ohren zum Hören, Hände zum Greifen, Füße zum Gehen. Kein Glied kann in seiner Funktion durch ein anderes ersetzt werden. Und wenn ein Glied leidet, leidet der ganze Leib, denn der Leib ist eine Einheit. Dasselbe gilt für die Gemeinde. Jeder hat seine Aufgabe: der eine als Apostel, der andere als Prophet, der dritte als Lehrer ... Die Vielfalt der Ämter baut die Gemeinde auf. Dann fügt der heilige Paulus hinzu: Die Liebe muss Ausgangspunkt und Ziel von allem sein.

Was uns in Christus verbindet:

Wir sind im Namen desselben Gottes getauft.
In uns wohnt derselbe Geist.
Wir glauben an dasselbe Wort.
Wir teilen dieselbe Hoffnung.
Wir haben dasselbe Bedürfnis nach Liebe.
Wir teilen dasselbe eucharistische Brot.
Wir bilden nur eine Kirche:
Volk Gottes, Leib Christi, Tempel des Geistes.

„Denn wir alle, die wir Kinder Gottes sind und eine Familie in Christus bilden, entsprechen der innersten Berufung der Kirche und bekommen im voraus Anteil an der Liturgie der vollendeten Herrlichkeit, wenn wir in gegenseitiger Liebe und in dem einen Lob der Heiligsten Dreifaltigkeit miteinander Gemeinschaft haben."

II. Vatikanisches Konzil, Lumen Gentium 51

12. Die Vergebung der Sünden

Wir Christen bekennen unseren Glauben an den Heiligen Geist, an die heilige katholische Kirche, an die Gemeinschaft der Heiligen und an die Vergebung der Sünden. Diese Aussagen sind miteinander verbunden, sie stehen miteinander in Zusammenhang und beziehen sich alle auf die Aufgabe, mit welcher der auferstandene Herr seine Apostel betraut hat, als er sie mit dem Missionsauftrag aussandte: „Geht hinaus in die ganze Welt und verkündet das Evangelium allen Geschöpfen! Wer glaubt und sich taufen lässt, wird gerettet; wer aber nicht glaubt, wird verdammt werden“ (Mk 16, 15-16).

Wer seinen Glauben an Jesus Christus durch die Taufe besiegelt, wird durch den Tod Jesu mit Gott versöhnt: Die Sünden werden ihm vergeben. Die Taufe ist das erste und bedeutsamste Sakrament der Sündenvergebung, denn Jesus tauft uns im Heiligen Geist, diesem Geist, der zur Vergebung der Sünden gesandt wird.

12.1 Der Auftrag des Herrn

Der auferstandene Herr hat seinen Aposteln Auftrag und Vollmacht erteilt: nämlich die Glaubenden in seine Kirche einzugliedern, indem sie ihnen die Taufe spenden, die die Gnade des Heiligen Geistes schenkt und völlige Sündenvergebung gewährt.

- Der heilige Johannes bezeugt in seinem Evangelium diesen Auftrag. Er beschreibt ihn so: Am Osterabend waren die Jünger alle beisammen. Sie hatten die Türen aus Angst verschlossen. Jesus kam, trat in ihre Mitte und sagte zu ihnen: „Friede sei mit euch!“ Die Jünger erfüllte Freude beim Anblick des Herrn. Da sagte er noch einmal zu ihnen: „Friede sei mit euch! Wie mich der Vater gesandt hat, so sende ich euch ... Empfangt den Heiligen Geist! Wem ihr die Sünden vergebt, dem sind sie vergeben; wem ihr die Vergebung verweigert, dem ist sie verweigert“ (Joh 20, 19-23).

Die Vollmacht zur Sündenvergebung, die Jesus seinen Aposteln übertragen hat, wird in der Kirche ständig weitergegeben: an die Bischöfe und an die Priester. Und das ist gut so. Denn wir sind Menschen und als solche schwach und leicht zu täuschen. Der heilige Paulus beschreibt das in seinem Brief an die Römer sehr schön: „Ich aber bin Fleisch, das heißt: verkauft an die Sünde. Denn ich begreife mein Handeln nicht: Ich tue nicht das, was ich will, sondern das, was ich hasse" (Röm 7, 14-15). Wir, die wir getauft sind, wären verloren, wenn wir nicht immer wieder die Vergebung in Anspruch nehmen könnten: Im Sakrament der Buße schenkt Jesus dem, der sich bekehrt, seine Sünden bereut und sie einem Priester beichtet, Versöhnung und Vergebung.

Wie weiter unten (in Kapitel 15.5) zum Sakrament der Buße ausgeführt wird, müssen die schweren Sünden in diesem Sakrament bekannt und vergeben werden. Es ist gut, auch für die lässlichen Sünden das Sakrament der Versöhnung zu empfangen, obwohl man ihre Vergebung durch konkrete Bußakte - durch das Lesen der Heiligen Schrift, durch den Gebrauch der Sakramentalien, wie des Weihwassers, und vor allem durch die Eucharistiefeier und die Übung der Liebe - erlangen kann. Der heilige Petrus erinnert uns: „Vor allem haltet fest an der Liebe zueinander, denn die Liebe deckt viele Sünden zu" (1 Petr 4, 8).

Wie wäre es um unsere Welt bestellt,
wenn es das Wort „Vergebung" nicht gäbe?
Wenn das, was es bedeutet,
nicht mehr zu den Erfahrungen gehörte,
die jeder machen kann?
Wenn es keine ausgestreckte Hand mehr gäbe,
um die Versöhnung anzubieten?
Wenn der, der sich schuldig gemacht hat,
es immer bleiben müsste?
Wenn die ganze Welt mit ihrer Schuld allein bleiben müsste?
Wenn nur die Rache zählte und nicht mehr die Vergebung?

„Gott, sei mir gnädig nach deiner Huld,
tilge meine Frevel nach deinem reichen Erbarmen!
Wasch meine Schuld von mir ab,
und mach mich rein von meiner Sünde! ...
Erschaffe mir, Gott, ein reines Herz ..."

PSALM 51, 3.4.12

12.2 Ich verurteile dich nicht

Der Evangelist Johannes berichtet uns von Schriftgelehrten und Pharisäern, die eine Frau zu Jesus bringen und zu ihm sagen: „Meister, diese Frau wurde beim Ehebruch auf frischer Tat ertappt. Mose hat uns im Gesetz vorgeschrieben, solche Frauen zu steinigen. Nun, was sagst du?" Jesus schweigt. Als sie hartnäckig weiterfragen, sagt er zu ihnen: „Wer von euch ohne Sünde ist, werfe als erster einen Stein auf sie!" Die Ankläger hören die Antwort und verstehen sie. Einer nach dem anderen geht fort.

Am Ende bleibt Jesus mit der Frau allein zurück. Er fragt sie: „Frau, wo sind sie geblieben? Hat dich keiner verurteilt?" Sie sagt: „Keiner, Herr." Da sagt Jesus: „Auch ich verurteile dich nicht. Geh und sündige von jetzt an nicht mehr" (Joh 8, 1-11).

Die Geschichte von der Begegnung Jesu mit der Ehebrecherin ist ein Beispiel. Jesus meidet die Sünder nicht. Er geht auf sie zu, um sie zu bekehren. Er isst mit ihnen. Zu seinen Aposteln gehört Matthäus, ein ehemaliger Zöllner. Als Jesu letzte Stunde gekommen ist, versichert er einem Verbrecher, der „zu Recht" gekreuzigt wurde, sich aber vertrauensvoll an ihn wendet: „Amen, ich sage dir: Heute noch wirst du mit mir im Paradies sein" (Lk 23, 43).

Jesus will keinen an seiner Schuld festnageln. Er erleichtert denen, die ihre Schuld zu Boden drückt, ihre Last, damit sie sich wieder aufrichten. Er trachtet nicht danach, dass die Schuldigen verurteilt und bestraft werden, sondern dass sie freigesprochen werden und wiederaufleben, während sie nie mehr vergessen, dass Gott sie liebt. Weil Gott sie aufnimmt, werden sie nun ihre Geschichte demütig auf sich nehmen und ein gerechteres Leben führen können.

Man kann die Vergebung nicht kaufen,
man kann sie nicht verdienen.
Die Vergebung kann man demütig erbitten
für sich und die anderen: Die Güte Gottes ist grenzenlos.
Wer die Vergebung - ungeschuldet - empfangen hat,
kann mutig weitergehen
und in der Demut wachsen;
er kann gut und barmherzig werden
in einer Welt, die verurteilt und bestraft.

Deine Sünden sind dir vergeben

12.3 Wie auch wir vergeben

Wenn ein Mensch eine Schuld begeht, die er nicht wieder gutmachen kann, ist er froh, dass man ihm vergibt. Aber wenn er seinem Nächsten vergeben soll, willigt er nur mit Mühe ein, auf sein „Recht“ zu verzichten. Das erzählt Jesus in dem folgenden Gleichnis:

Zwei Männer dienen demselben Herrn. Der eine von ihnen schuldet ihm so viel Geld, dass er sein Leben lang diese Schuld nicht mehr zurückzahlen könnte. Da fällt der Diener vor seinem Herrn auf die Knie und fleht ihn an. Dieser hat Mitleid und erlässt ihm seine Schuld. Als der Diener hinausgeht, trifft er auf einen seiner Arbeitsgenossen, der ihm eine kleine Summe schuldet, aber kein Geld hat, um sie ihm zurückzuzahlen. Dieser fällt vor ihm nieder und fleht ihn an, Gnade walten zu lassen. Aber der andere will davon nichts wissen und lässt ihn ins Gefängnis werfen.

Als der Herr erfährt, was geschehen ist, ist er erzürnt. Er ruft den herzlosen Diener und lässt ihn nun seinerseits ins Gefängnis bringen - bis er seine große Schuld bezahlt habe.

Und Jesus fügt hinzu: „Ebenso wird mein himmlischer Vater jeden von euch behandeln, der seinem Bruder nicht von ganzem Herzen vergibt“ (Mt 18, 23-35).

Das Gleichnis ist nicht schwer zu verstehen. Weitaus schwerer fällt es uns hingegen, das zu tun, was Jesus fordert.

Vergeben, auf Entschädigungen verzichten, nicht nachtragend sein, nicht seine Überlegenheit, seine Macht über seinen Schuldner geltend machen - das sind Haltungen, die dem Menschen viel abverlangen. Sie stehen im Gegensatz zu seiner von der Sünde befleckten Natur.

Der heilige Petrus will genau wissen, woran er sich halten soll. Er fragt Jesus: „Herr, wie oft muss ich meinem Bruder vergeben, wenn er sich gegen mich versündigt? Siebenmal?“ Das Angebot, das Petrus macht, ist alles andere als kleinlich. Doch als er die Antwort Jesu hört, begreift er, dass die Vergebung ein ganz anderes Maß erfordert: „Siebenundsiebzigmal“, das heißt, ohne zu zählen, jedes Mal, wenn ein Mitmensch Vergebung braucht (Mt 18, 21-22).

Es ist gewiss kein Zufall, dass gerade der heilige Petrus die Frage stellt und diese Antwort erhält, eine Antwort, die verpflichtet. Denn es ist der heilige Petrus, dem der Herr die Schlüssel des Himmelreiches anvertraut, damit alles, was er auf Erden bindet oder löst (verweigert oder vergibt), auch im Himmel, bei Gott, gebunden oder gelöst sein soll (vgl. Mt 16, 19).

- Aufeinander zugehen, die Hand ausstrecken,
  das erste Wort sagen, den ersten Schritt tun,
  den anderen mit seiner Schuld annehmen,
  die Liebe über Rachsucht und Vergeltung triumphieren lassen,
  den Teufelskreis von Schuld und Bestrafung durchbrechen,
  den Weg miteinander fortsetzen, barmherzig sein,
  wie unser himmlischer Vater barmherzig ist,
  durch unsere Barmherzigkeit Zeugnis geben
  von der unendlichen Güte des Vaters.

Jesus sagt zu seinen Jüngern:

„Denn wenn ihr den Menschen ihre Verfehlungen vergebt, dann wird euer himmlischer Vater auch euch vergeben. Wenn ihr aber den Menschen nicht vergebt, dann wird euch euer Vater eure Verfehlungen auch nicht vergeben."

EVANGELIUM NACH MATTHÄUS 6, 14-15

13. Die Auferstehung der Toten und das ewige Leben

Es gibt Menschen, die in hohem Alter nach einem erfüllten Leben sterben. Aber es gibt auch Kinder und junge Leute, die an Krankheit, Hunger oder Kälte, infolge von Unfällen oder Katastrophen sterben. Gott allein weiß, wie viele Menschen durch die Gleichgültigkeit ihrer Nächsten sterben, die weder ihr Brot noch ihre Medikamente, weder ihr Land noch ihr Haus mit ihnen teilen wollen; oder aufgrund der Gewalt jener, die es vorziehen, lieber Krieg zu führen als sich um den Frieden zu bemühen.

- Wenn die Christen sagen, dass sie an die Auferstehung der Toten und das ewige Leben glauben, heißt das nicht, dass sie sich dem Tod und dem Leiden entziehen wollen.

- Es geht für sie nicht allein darum, ihre benachteiligten und ausgeschlossenen Nächsten mit Worten über ein besseres Leben nach dem Tod zu trösten.

- Wenn die Christen sagen, dass sie an die Auferstehung der Toten und das ewige Leben glauben, wollen sie damit sagen: „Wir glauben fest und hoffen zuversichtlich: Wie Christus wirklich von den Toten auferstanden ist und für immer lebt, so werden die Gerechten nach ihrem Tod für immer mit dem auferstandenen Christus leben, und er wird sie am letzten Tag auferwecken" (KKK 989). Wir glauben, dass wir dazu berufen sind, mit unserem ganzen verklärten Sein auf viel schönere Weise zu leben als alles, was wir uns vorstellen und erträumen können, denn es ist Gott, der es uns schenken wird.

13.1 Er ist kein Gott der Toten

Die Bücher der Bibel sind voller Geschichten. Da sprechen Menschen von ihren Plänen und Zielen. Von ihrer Freude, wenn es das Leben gut mit ihnen meint. Von ihrer Trauer und Enttäuschung, wenn sie ein Unglück trifft. Vom Bösen, das sie tun, und von dem Bösen, das sie ertragen. Und auch vom Tod, der ihrer Lebensplanung ein Ende setzt. Sie fragen: Wozu sind wir auf der Erde? Wozu dienen alle Anstrengungen, da doch jeder Mensch weiß, dass er sterben muss? Warum wird dem einen ein langes Leben gewährt, während der andere stirbt, noch ehe sein

Leben richtig begonnen hat? Auf Fragen wie diese findet der Mensch aus sich selbst heraus keine gültige Antwort.

Die Menschen, deren Geschichte uns in der Bibel erzählt wird, wissen um ihre Grenzen. Doch sie machen auch die Erfahrung einer Hoffnung, die diese Grenzen übersteigt. Sie spüren, dass sie offen sind für Gott. Auf ihn setzen sie ihre Hoffnung.

Jesus hat in seiner Verkündigung versichert, dass die Toten auferstehen werden. Als sein Freund Lazarus gestorben war, sagte er zu dessen Schwester Marta, was er gegenüber jedem Mann und jeder Frau, die am Grab einer Schwester oder eines Bruders trauern, wiederholt:

> „Ich bin die Auferstehung und das Leben.
> Wer an mich glaubt, wird leben, auch wenn er stirbt.“
>
> EVANGELIUM NACH JOHANNES 11, 25

Am Ostertag hat Gott durch Jesus Christus gezeigt, dass er stärker ist als der Tod. Das Grab Jesu ist leer, und der auferstandene Jesus erscheint seinen Aposteln, zeigt ihnen seine von den Nägeln der Passion durchbohrten Hände und Füße und sagt: „Seht meine Hände und meine Füße an: Ich bin es selbst!“ (Lk 24, 39)

Die Auferstehung Jesu schenkt uns die Gewissheit, dass auch wir mit ihm auferstehen werden, wie der heilige Paulus versichert:

> „Wenn der Geist dessen in euch wohnt, der Jesus von den Toten auferweckt hat, dann wird er, der Christus Jesus von den Toten auferweckt hat, auch euren sterblichen Leib lebendig machen durch seinen Geist, der in euch wohnt.“
>
> BRIEF AN DIE RÖMER 8, 11

Jesus kündigt an:

> „Wundert euch nicht darüber! Die Stunde kommt, in der alle, die in den Gräbern sind, die Stimme des Menschensohnes hören und herauskommen werden: Die das Gute getan haben, werden zum Leben auferstehen, die das Böse getan haben, zum Gericht.“
>
> EVANGELIUM NACH JOHANNES 5, 28-29

13.2 Wie werden die Toten auferstehen?

Unsere Sprache, unsere Worte beziehen sich auf diese Welt und ihre Wirklichkeit. Für die Welt und die Wirklichkeit Gottes fehlen uns die Worte. Diese Erfahrung machten schon die ersten Christen, wenn sie fragten: Wie wird die Auferstehung der Toten vor sich gehen? Was wird aus dem Leib, der im Grab verwest? Bleibt ein behinderter Mensch auch nach seiner Auferstehung behindert? Wird ein Kind, das stirbt, im Himmel zu einem Erwachsenen? Was ist mit all jenen, die in der Hoffnung auf Gott und im Glauben an Jesus Christus schon gestorben sind und noch sterben werden?

Gegenüber all diesen Fragen - und noch vielen anderen - haben wir keine bessere Antwort als auf den auferweckten Jesus zu blicken, der in der Herrlichkeit verklärt ist und zugleich an seinem Leib die Wundmale seines Leidens als Zeichen der großen Liebe trägt, dank der er sein Leben für uns hingegeben hat. Das leere Grab, die Male der Nägel einerseits und die neue und geheimnisvolle Erscheinung des auferstandenen Jesus andererseits erlauben uns die Aussage, dass die Toten mit ihrem Leib auferstehen, der zugleich anders, weil verherrlicht, sein wird, so wie das Weizenkorn, das in die Erde fällt, im Tod verwandelt wird, um Frucht zu bringen (vgl. Joh 12, 24).

> „Was heißt ‚auferstehen'? Im Tod, bei der Trennung der Seele vom Leib, fällt der Leib des Menschen der Verwesung anheim, während seine Seele Gott entgegengeht und darauf wartet, dass sie einst mit ihrem verherrlichten Leib wiedervereint wird. In seiner Allmacht wird Gott unserem Leib dann endgültig das unvergängliche Leben geben, indem er ihn kraft der Auferstehung Jesu wieder mit unserer Seele vereint."
>
> KATECHISMUS DER KATHOLISCHEN KIRCHE 997

Angesichts dieses Geheimnisses um das Leben und die Liebe, das „auf der Allmacht Gottes" beruht, spricht der heilige Paulus gegenüber seiner Gemeinde in Korinth von dem:

> „... was kein Auge gesehen und kein Ohr gehört hat,
> was keinem Menschen in den Sinn gekommen ist:
> das Große, das Gott denen bereitet hat, die ihn lieben."
>
> ERSTER BRIEF AN DIE KORINTHER 2, 9

gültigen Ausschluss aus dieser Gemeinschaft. Der Urteilsspruch erfolgt danach, wie weit sich jeder einzelne bemüht hat, in seinem irdischen Leben den Willen Gottes zu tun und an Jesus Christus zu glauben. Dieses Urteil ist endgültig. Das Letzte Gericht (Weltgericht) hängt mit dem Jüngsten Tag zusammen, dem Tag der Ankunft Christi, der wiederkommt, um das Reich Gottes, sein Reich, voll offenbar zu machen. An diesem Tag werden alle Toten auferstehen. In Gegenwart aller Völker, die vor Christus zusammengerufen werden, wird jeder einzelne mit seiner Seele und seinem Leib gerichtet werden (vgl. Mt 25, 32).

Urteil: Das Urteil wird am freien Willen des Menschen während seines irdischen Lebens gemessen. Wer sich bewusst und freiwillig von Gott getrennt hat, hat keinen Platz unter den Auserwählten; sein Los ist das der Ausgeschlossenen „im ewigen Feuer, das für den Teufel und seine Engel bestimmt ist" (Mt 25, 41): das ist die „Hölle". Für jene, die sich zwar zu Gott und seinem Sohn Christus bekennen, aber für eine Begegnung mit ihm bei ihrem Tod noch nicht vollständig bereit und würdig sind, ist eine Zeit der Läuterung, des Wartens und Reifens vorgesehen, das sogenannte „Purgatorium" (Fegefeuer): Sie erwarten dort in der Hoffnung ihren Eintritt in die Fülle der Gemeinschaft mit Gott. Das Gebet der Gläubigen hilft ihnen dabei. Auf die Auserwählten, die sich während ihres Erdenlebens von der Liebe Christi durchdringen und umwandeln ließen, findet das Wort Christi Anwendung: „Kommt her, die ihr von meinem Vater gesegnet seid, nehmt das Reich in Besitz, das seit der Erschaffung der Welt für euch bestimmt ist" (Mt 25, 34). Sie sehen Gott so, wie er ist, und sind ihm ähnlich (vgl. 1 Joh 3, 2); sie leben ewig in Gemeinschaft mit ihm. Sie sind im „Himmel".

13.4 Das ewige Leben

Sich vor niemandem mehr fürchten, auch nicht vor seiner eigenen Schwachheit; der Mensch sein, den Gott sich dachte, als er ihn bei seinem Namen rief; bei Gott leben; im Vollsinn leben, für immer leben, nicht in einer ewigen Ruhe, sondern in einer unvorstellbaren Fülle von Frieden, Licht und Liebe - wer könnte genau sagen, wie das sein wird?

- Einer der großen Kirchenväter, der heilige Augustinus, hat geschrieben:

„... da werden wir alle frei sein und wir werden sehen,
wir werden sehen und lieben,
wir werden lieben und danken.
Siehe, das ist es, was am Ende geschehen und kein Ende haben wird."

Die Propheten Israels und der ***heilige Johannes,*** der christliche Endzeitprophet, reden in Bildern davon, wie dieses neue Leben für uns aussehen wird. Sie sprechen vom Himmel nicht wie von einem unbestimmten Ort irgendwo über den Wolken. Der Himmel ist dort, wo sich Gott befindet, wo die Menschen als sein

Volk mit ihm leben. Die alte Erde, schuldbeladen und vom Menschen entstellt, ist verschwunden. Eine neue Erde dient dem Menschen als Heimat, eine Erde, wie Gott sie gewollt hat, erleuchtet vom auferstandenen Christus. Eine Welt, wo die Menschen, sein Volk, bei ihm leben und überglücklich sind in der Anschauung Gottes: Er selbst ist ihr Licht und ihr Leben. Deshalb werden Sonne und Mond nicht mehr gebraucht. Und in dem neuen Jerusalem gibt es keine Häuser mehr aus Stein und keinen Tempel, um Gott zu begegnen. Gott ist da, er wohnt unter den Menschen.

Es wird eine neue, fruchtbare Erde sein, für welche die Bibel eine Fülle von Bildern bereit hält: Quellen brechen in der Wüste hervor; Bäume wachsen und tragen zwölfmal im Jahr Früchte. Eine Welt, in der kein Lebewesen mehr das andere bedroht: Der Wolf wohnt beim Lamm; sie können leben, ohne einander zu bedrohen. Ein Säugling streckt seine Hand in die Höhle der Schlange und wird nicht von ihr gebissen (vgl. Jes 11, 6-8).

Die Menschen entdecken, was Menschsein in vollendeter Fülle und Integrität bedeutet: Krankheit wird nicht mehr sein, kein Tod, keine Einsamkeit, keine Trauer, keine Tränen, kein Hass, keine Feindschaft, keine Unterdrückung.

Es gibt noch andere Bilder, denn man kann eigentlich gar nicht genug davon bekommen, diese Fülle zu beschreiben: Die Augen der Blinden öffnen sich, auch die Ohren der Tauben sind wieder offen, der Lahme springt wie ein Hirsch, und die Zunge des Stummen jauchzt vor Freude (vgl. Jes 35, 5-6). Schwerter und Lanzen werden überflüssig; man zerbricht sie, um daraus Pflugscharen und Winzermesser zu schmieden. Man denkt gar nicht mehr an den Krieg. Jeder kann unter seinem Weinstock oder seinem Feigenbaum sitzen, ohne dass ihm jemand Angst macht (vgl. Mi 4, 3-4). Gott selber wird die letzten Tränen aus den Augen der Betrübten wischen - ja, alles was war, ist vergangen.

> „Sie werden sein Angesicht schauen, und sein Name ist auf ihre Stirn geschrieben.“
>
> OFFENBARUNG 22, 4

Der heilige Johannes, der Seher, hat das letzte Buch des Neuen Testamentes geschrieben, die „Apokalypse“, das heißt die Offenbarung. Es handelt sich um Geheimnisse, die Gott dem heiligen Johannes in Visionen „offenbart“ hat: Der Triumph Gottes und seines Sohnes Christus und die Niederlage der ihm feindlichen Mächte; das ewige Heil; die Glückseligkeit der Menschen, die für ewig bei Gott wohnen.

Das Fest der Lebenden

„Gepriesen sei der Gott und Vater unseres Herrn Jesus Christus:
Er hat uns mit allem Segen seines Geistes gesegnet
durch unsere Gemeinschaft mit Christus im Himmel.

Denn in ihm hat er uns erwählt vor der Erschaffung der Welt,
damit wir heilig und untadelig leben vor Gott;
er hat uns aus Liebe im voraus dazu bestimmt,
seine Söhne zu werden durch Jesus Christus
und nach seinem gnädigen Willen zu ihm zu gelangen,
zum Lob seiner herrlichen Gnade.

Er hat sie uns geschenkt in seinem geliebten Sohn;
durch sein Blut haben wir die Erlösung,
die Vergebung der Sünden nach dem
Reichtum seiner Gnade.
Durch sie hat er uns mit aller Weisheit
und Einsicht reich beschenkt
und hat uns das Geheimnis seines Willens kundgetan,
wie er es gnädig im voraus bestimmt hat:
Er hat beschlossen, die Fülle der Zeiten heraufzuführen,
in Christus alles zu vereinen,
alles, was im Himmel und auf Erden ist.

Durch ihn sind wir auch als Erben
vorherbestimmt und eingesetzt nach dem Plan dessen,
der alles so verwirklicht, wie er es in seinem Willen beschließt;
wir sind zum Lob seiner Herrlichkeit bestimmt,
die wir schon früher auf Christus gehofft haben.

Durch ihn habt auch ihr das Wort der Wahrheit gehört,
das Evangelium von eurer Rettung;
durch ihn habt ihr das Siegel des verheißenen
Heiligen Geistes empfangen,
als ihr den Glauben annahmt.
Der Geist ist der erste Anteil des Erbes,
das wir erhalten sollen,
der Erlösung, durch die wir Gottes Eigentum werden,
zum Lob seiner Herrlichkeit."

BRIEF AN DIE EPHESER 1, 3-14

14. Amen - Ja, so sei es

> „Diese Zusammenfassung erfolgte nicht nach menschlichen Überlegungen; sondern aus der ganzen Schrift wurde das Wichtigste zusammengestellt, um die einzigartige Lehre vom Glauben vollständig zu bieten. Und so, wie das kleine Senfkorn eine große Anzahl Zweige enthält, enthält diese Zusammenfassung des Glaubens in wenigen Worten die gesamte im Alten und Neuen Testament enthaltene Kenntnis von der wahren Frömmigkeit."
>
> HEILIGER CYRILL VON JERUSALEM

Jeder Satz, jede Aussage des Glaubensbekenntnisses wurde - oft nach langen Diskussionen - so formuliert, dass die Gläubigen sich mit aller Sicherheit daran halten und den Glauben von der Häresie unterscheiden können.

Dieses Glaubensbekenntnis ist für die ganze Kirche gültig. Seinem Wortlaut stimmt jeder in der Kirche Jesu Christi Getaufte zu. Während der Osternacht erneuert die Gemeinde der Gläubigen die Taufversprechen und bestätigt erneut ihren Glauben.

Jeder spricht und wiederholt für sich selbst dieses Glaubensbekenntnis der ganzen Kirche. Es ist kein Zufall, dass es mit den Worten „Ich glaube" beginnt und mit ***„Amen"*** schließt.

Wer „Amen" sagt, bekräftigt seine Entscheidung. Amen - Ja, so sei es, ich stimme dem zu und halte mich daran. Dieses Evangelium ist für mich gültig. Ich danke Gott dafür.

Amen: Das hebräische Wort bedeutet Festigkeit, Zuverlässigkeit, Beständigkeit. Aber auch die Worte „Glaube", „Wahrheit", „Treue" hängen damit zusammen. Wenn Christen und Juden ihr Gebet mit „Amen" abschließen, handelt es sich dabei um die persönliche Antwort eines jeden: Ja, so sei es, ich stimme dem zu und halte mich daran.

„Freut euch, denn Jesus ist am Kreuz gestorben!
Amen.

Freut euch, denn er ist von den Toten auferstanden!
Amen.

Freut euch, denn in der Taufe hat er uns von unseren
Sünden reingewaschen!
Amen.

Freut euch, denn Jesus ist gekommen, um uns zu befreien!
Amen.

Und freut euch, denn er ist der Herr unseres Lebens!
Amen.

Halleluja!“

PAPST JOHANNES PAUL II.

ZWEITER TEIL

DIE FEIER DES CHRISTLICHEN MYSTERIUMS: DIE SAKRAMENTE

CHRISTEN FEIERN: DIE KIRCHE UND DIE SAKRAMENTE

15. Das Leben in Christus: Die Sakramente

„Ich bin bei euch alle Tage bis zum Ende der Welt“ (Mt 28, 20), verspricht der Auferstandene seinen Jüngern. Am Pfingsttag erkennen sie, auf welche Weise er sein Versprechen hält: Er erfüllt ihre Herzen mit seinem Geist, der sie zu Seinesgleichen, das heißt zu Teilhabern an seinem Leben macht, und ihnen gestattet, wie er zu Gott „Abba! Vater!“ (Gal 4, 6) zu sagen. Voller Begeisterung gehen sie auf die Straße und verkünden: Alle sollen es wissen! Jesus von Nazaret, der an das Kreuz geschlagen wurde und starb, ist der Herr und Messias. Er ist auferstanden. Gott hat ihn erhöht und ihm den Ehrenplatz zu seiner Rechten gegeben. Er wird wiederkommen in Herrlichkeit. Glaubt an ihn und habt Vertrauen in das Evangelium, das wir euch verkünden. Viele Zuhörer sind tief bewegt und lassen sich taufen (Apg 2).

Überall, wo das Evangelium als Frohe Botschaft verkündet wird, entstehen Gemeinden. Ein neues Volk Gottes: die Kirche Jesu Christi. Sie ist mit ihrem Herrn verbunden wie die Glieder mit dem Leib, wie die Reben mit dem Weinstock. Er wirkt durch sie und in ihr. Die Taten der Kirche sind die Verlängerung der Heilstaten Christi - die Sakramente.

Durch die Gegenwart des Herrn inmitten und zugunsten der Menschen und durch die Feier des Gottesdienstes mit ihnen gibt die Kirche davon Zeugnis, dass Gott den Menschen Gutes will, dass er sie liebt und ihnen das Heil anbietet. Die Kirche ist selbst Zeichen dieser Liebe und Nähe des verborgenen Gottes; sie ist wahrhaft die Mittlerin dieser rettenden Liebe. Darum wird sie das „Sakrament“ genannt, auf das sich alle Sakramente gründen, die sie für jeden bereit hält, der den Glauben annimmt.

> „Die Kirche ist in Christus gleichsam das Sakrament, das heißt Zeichen und Werkzeug für die innigste Vereinigung mit Gott wie für die Einheit der ganzen Menschheit.“
>
> II. Vatikanisches Konzil, Lumen Gentium 1

15.1 Die sieben Sakramente

„Die Sakramente des Neuen Bundes sind von Christus eingesetzt. Es gibt sieben Sakramente: die Taufe, die Firmung, die Eucharistie, die Buße, die Krankensalbung, die Weihe und die Ehe. Diese sieben Sakramente betreffen alle wichtigen Zeitpunkte im Leben des Christen: sie geben dem Glaubensleben des Christen Geburt und Wachstum, Heilung und Sendung. Es besteht also eine gewisse Ähnlichkeit zwischen den Stufen des natürlichen Lebens und den Stufen des geistlichen Lebens."

KATECHISMUS DER KATHOLISCHEN KIRCHE 1210

Die Sakramente spenden heißt nicht, von der Zugehörigkeit zu Gott und von der Erlösung einzig und allein zu „reden". Die Sakramente sind deren symbolische Zeichen und effektive Werkzeuge: Sie vermitteln in Wahrheit diese Zugehörigkeit zu Gott und diese Erlösung.

„Aus seiner Fülle haben wir alle empfangen
Gnade über Gnade."

EVANGELIUM NACH JOHANNES 1, 16

Die Sakramente der Kirche integrieren und läutern den ganzen Reichtum der Zeichen und Symbole des Universums und des gesellschaftlichen Lebens. Zudem erfüllen sich in ihnen die Prophezeiungen des Alten Bundes. Sie versinnbildlichen und verwirklichen das durch Christus gewirkte Heil. Sie lassen die Herrlichkeit des Himmels ahnen und nehmen sie vorweg (vgl. KKK 1152).

Sakramente: Zeichen des Heils, die Jesus in seiner Kirche eingesetzt hat; Zeichen und Unterpfand seiner Existenz in und mit der Kirche. Die **Taufe** begründet die Zugehörigkeit zur Kirche Jesu Christi am Anfang des christlichen Lebens. Durch die **Firmung** werden die Getauften durch die Gabe des Geistes gestärkt und geheiligt. Die **Eucharistie** lässt die Gläubigen am Leben ihres Herrn teilhaben und macht aus ihnen eine Gemeinde. Das Sakrament der **Buße** verschafft dem Sünder Versöhnung und Vergebung. Durch die **Krankensalbung** empfängt der Kranke Hoffnung und Trost. Im Sakrament der **Weihe** wird den Diakonen, Priestern und Bischöfen ein besonderer Dienst in der Kirche übertragen. Im Sakrament der **Ehe** versprechen sich die Eheleute gegenseitig Liebe und Treue; der von ihnen geschlossene Bund spiegelt den Bund Gottes mit den Menschen wider. Die Sakramente sind die sichtbaren Zeichen der unsichtbaren Wirklichkeit des Heils, das sie versinnbildlichen. Eben weil Gott sie uns schenkt, bewirken sie das, worauf sie hinweisen: Durch sie empfangen wir das Geschenk der Gnade, das heißt des Lebens Gottes selbst.

Sakramentalien: „Außerdem hat die heilige Mutter Kirche Sakramentalien eingesetzt. Diese sind heilige Zeichen, durch die in einer gewissen Nachahmung der Sakramente Wirkungen, besonders geistlicher Art, bezeichnet und kraft der Fürbitte der Kirche erlangt werden. Durch diese Zeichen werden die Menschen bereitet, die eigentliche Wirkung der Sakramente aufzunehmen; zugleich wird durch solche Zeichen das Leben in seinen verschiedenen Gegebenheiten geheiligt" (II. Vatikanisches Konzil, *Sacrosanctum Concilium*, 60). Die Kirche hat Sakramentalien eingesetzt, um gewisse Ämter, gewisse Umstände des christlichen Lebens sowie den Gebrauch von gewissen Gegenständen zu heiligen. Es wird in diesem Zusammenhang ein Gebet gesprochen, oft begleitet von einem besonderen Zeichen (zum Beispiel: von der Handauflegung, dem Kreuzzeichen, der Besprengung mit Weihwasser). Man spricht von „Weihe" im Falle, dass eine Person ihr Empfänger ist (z.B. die Äbtissin eines Klosters), aber auch wenn es sich um einen ausschließlich für den liturgischen Gebrauch bestimmten Gegenstand handelt (Altar, Kirche, Glocke). Von „Segnung" spricht man, wenn Menschen (Kinder, Reisende, Pilger) oder Dinge (Haus, Nahrung, Auto, Tiere) dem Schutz Gottes anvertraut werden.

15.2 Die Taufe

Die Pfingstpredigt des heiligen Petrus in Jerusalem trifft viele Zuhörer mitten ins Herz. Sie fragen ihn und die anderen Apostel: „Was sollen wir tun?" Gemäß dem Gebot des Herrn (Mt 28, 19) antwortet ihnen Petrus: „Kehrt um, und jeder von euch lasse sich auf den Namen Jesu Christi taufen zur Vergebung seiner Sünden; dann werdet ihr die Gabe des Heiligen Geistes empfangen" (Apg 2, 37-38).

Johannes der Täufer hatte zu einer Wasser- und Bußtaufe aufgerufen, um das Kommen des Messias vorzubereiten, und diese Taufe im Jordan will auch Jesus als „das Lamm Gottes, das die Sünde der Welt hinwegnimmt" (Joh 1, 29), von Johannes empfangen. „Taufen" (griechisch: „baptizeín") bedeutet „eintauchen". Jesus, der sich für das Heil der Welt eintauchen (taufen) ließ in den Tod (vgl. KKK 1225), hat uns die Taufe im Geist geschenkt, damit alle Menschen aus Wasser und Geist wiedergeboren werden können, um in das Reich Gottes einzugehen (vgl. Joh 3, 5).

Die neue Gemeinde Gottes, die Kirche, wächst nicht nur unter den Juden. In der *Apostelgeschichte* (8, 26-40) erzählt der heilige Lukas die Geschichte von Philippus, einem der sieben Diakone. Einer Eingebung Gottes folgend macht er sich auf den Weg nach Gaza. Da begegnet ihm ein vornehmer Mann aus Äthiopien, der auf dem Rückweg von Jerusalem ist, wo er im Tempel gebetet hat; dieser Mann liest, auf seinem Wagen sitzend, die Prophezeiung des Jesaja (Jes 53, 7-8). Philippus hört, was der Fremde liest, und fragt ihn: „Verstehst du auch, was du liest?" - „Wie könnte ich das" - sagt der andere -, „wenn mich keiner anleitet?" Philippus steigt in den Wagen ein und erklärt ihm, wie sich das Wort des Propheten in Jesus Christus erfüllt hat: Er ist gekommen, die Menschen mit Gott zu versöhnen. Er wurde abgelehnt und hat das Leiden auf sich genommen; er hat sich nicht gegen den Tod am Kreuz gewehrt. Wie ein Opferlamm wurde er umgebracht. Doch Gott hat ihn auferweckt. Er lebt, dafür sind wir Zeugen. Er ist der Retter und Erlöser. Wer glaubt, dass Jesus der Messias, der Retter ist, und sich taufen lässt, wird ein neuer Mensch, ein Christ. Auf ihrem Weg kommen sie zu einer Wasserquelle. Da sagt der Äthiopier: „Hier ist Wasser. Was steht meiner Taufe noch im Weg?" Sie steigen beide in das Wasser, und Philippus tauft den Mann: „Im Namen des Vaters und des Sohnes und des Heiligen Geistes." Dieser Mann war der erste afrikanische Christ.

- Die ***Taufe*** ist das gemeinsame Sakrament aller Christen. Die Kirche spendet es gemäß dem Auftrag, den der Herr ihr anvertraut hat: „Macht Menschen aus allen Völkern zu meinen Jüngern, tauft sie im Namen des Vaters und des Sohnes und des Heiligen Geistes" (Mt 28, 19). Ordentliche Spender der Taufe sind der Bischof, der Priester oder der Diakon. Im Notfall kann jeder Mensch - sogar ein ungetaufter - die Taufe spenden, sofern er dabei das tun will, was die Kirche tut (vgl. KKK 1256).

- Die Taufe bleibt ein für allemal gültig. Man kann sie weder widerrufen noch wiederholen, denn sie hinterlässt im Christen ein unauslöschliches Mal, ein geistliches Zeichen seiner Zugehörigkeit zu Christus. Dieses eingeprägte Zeichen ist das „Taufsiegel". Es kann von keiner Sünde verwischt werden, obwohl diese die Taufe daran hindert, alle Früchte des Heils im Menschen hervorzubringen (vgl. KKK 1272).

- Die Taufe begründet eine persönliche Beziehung zu jeder der Personen der Heiligen Dreifaltigkeit: Der Heilige Geist gießt in uns die heiligmachende Gnade aus, die uns „an der göttlichen Natur teilhaben" lässt (2 Petr 1, 4). Das heißt, wir sind Adoptivkinder Gottes in Christus Jesus, der selbst der eingeborene Sohn des Vaters ist. Die heiligmachende Gnade umfasst die göttlichen Tugenden des Glaubens, der Hoffnung und der Liebe, durch die wir Gott erkennen können, wie er sich selbst kennt, ihn lieben, wie er sich selbst liebt, und auf ein Leben in ewiger Gemeinschaft mit ihm, wie es seinem Wunsch entspricht, hoffen können. Die Gnade enthält auch die Gaben des Heiligen Geistes, durch die uns der Heilige Geist ermöglicht, „unter dem Ansporn des Heiligen Geistes zu leben und zu handeln" (KKK 1266). Die Taufe gibt uns also Anteil am Priestertum Christi, an seiner priesterlichen, prophetischen und königlichen Sendung. Sie befähigt uns, mit ihm gemeinsam uns dem Vater anzubieten, das Evangelium zu bezeugen und die Welt im Sinne Gottes zu gestalten: Das ist das allgemeine Priestertum der Gläubigen.

- Die Taufe tilgt die Erbsünde, bewirkt die Vergebung der Sünden, macht uns zu Kindern Gottes, zu Brüdern und Schwestern Jesu Christi, zu Gliedern der Kirche. Wir sind untereinander Brüder und Schwestern und können wahrhaftig sagen: „*Vater unser* im Himmel."

- Durch die Taufe macht Gott einen neuen Anfang mit uns, einen Anfang, der von ihm ausgeht und der während unseres ganzen Lebens Früchte tragen soll. Wenn wir Christus im Glauben, in der Hoffnung und in der Liebe treu sind, dann wirkt und wächst in uns die bei der Taufe empfangene Gnade. Ihre volle Verwirklichung findet die Taufe daher in der Heiligkeit, zu der wir alle berufen sind und die sich durch das lebendige und zunehmende Wirken Gottes in uns nach und nach erfüllt.

> „Mit Christus wurdet ihr in der Taufe begraben, mit ihm auch auferweckt, durch den Glauben an die Kraft Gottes, der ihn von den Toten auferweckt hat."
>
> BRIEF AN DIE KOLOSSER 2, 12

Die Kirche sieht die Taufe für Kinder ebenso wie für Erwachsene vor. Personen, die sich im Erwachsenenalter taufen lassen, unterziehen sich vorher einer Zeit der Glaubensvorbereitung, dem ***Katechumenat,*** durch den sie schrittweise zur Taufe geführt und in die Kirche eingegliedert werden.

Die Kirche hat von Anfang an auch die Kinder getauft, denn es geht nicht an, „die Kinder daran zu hindern, durch das Geschenk der heiligen Taufe zu Christus zu kommen" (KKK 1261). Wenn die Eltern und die Paten ein Kind über das Taufbecken halten, weil sie ihm nicht nur das Leben, sondern auch den Glauben der Kirche weitergeben wollen, versprechen sie, es christlich zu erziehen und im Glauben zu unterrichten.

Die Taufe kann zu allen Zeiten gespendet werden, steht aber in besonderem Zusammenhang mit der Osternacht, in der die Auferstehung Christi gefeiert wird.

> *Während der Osternacht wird das Taufwasser geweiht:*
>
> „Blicke nun, Herr,
> voll Liebe auf deine Kirche
> und lasse in ihr die Quelle der Taufe entspringen.
> Der Heilige Geist schenke mit diesem Wasser
> die Gnade Christi, damit der nach deinem Bild geschaffene Mensch
> durch die Taufe reingewaschen werde
> von den Makeln, die dieses Bild entstellen,
> und wiedergeboren werde aus dem Wasser und dem Geist
> zum neuen Leben als Kind Gottes."

In der Osternacht erneuern die Gläubigen - Erwachsene und Kinder - das Taufversprechen.

Die Taufe wird folgendermaßen gespendet: Der Täufling wird dreimal in das Taufbecken eingetaucht oder es wird ihm dreimal Wasser über den Kopf gegossen; dabei werden folgende Worte gesprochen: „Ich taufe dich im Namen des Vaters und des Sohnes und des Heiligen Geistes."

Taufe: bedeutet „Eintauchen in das Wasser", das Element des Lebens. Wenn ein Ungetaufter sein Leben für Christus hingibt (Martyrium), empfängt er die „Bluttaufe". Man spricht auch von „Begierdetaufe" bei Ungetauften, die Gutes tun, sich für ihre Nächsten einsetzen und so - manchmal ohne es zu wissen - in die Nachfolge Christi treten. Was die vor dem Empfang der Taufe verstorbenen Kinder betrifft, so glauben wir, dass Gott sie in seiner Barmherzigkeit nicht verlässt.

Katechumenat: Vorbereitungszeit auf die Taufe durch Einführung (Initiation) in den Glauben und in das christliche Leben, wenn es sich um die Taufe eines Erwachsenen handelt. Für die Kindertaufen findet dieser Katechumenat selbstverständlich erst nach der Taufe statt, wenn sie das Alter erreichen, wo sie verstehen und danach verlangen können, dass sich die nach ihrer Geburt empfangene Taufgnade in ihnen entfalte. Dazu bedarf es einer katechetischen Unterweisung (vgl. KKK 1231).

15.3 Die Firmung

Das Sakrament der ***Firmung*** bewirkt für uns eine besondere Ausgießung des Heiligen Geistes, wie sie schon am Pfingsttag den Aposteln zuteil wurde. Dieses Sakrament ist notwendig „zur Vollendung der Taufgnade" (KKK 1285). Der Bischof (oder sein beauftragter Vertreter) breitet seine Hände über die Firmlinge aus und erfleht für sie die Gabe des Heiligen Geistes. Dann salbt er die Stirn des Firmlings mit dem heiligen Chrisam (dem geweihten Öl), während er zu ihm sagt: „Sei besiegelt durch die Gabe Gottes, den Heiligen Geist!" Diese Handlung ist das Siegel des Heiligen Geistes, damit erkennbar wird, wem der Christ angehört - so wie man die Sklaven mit dem Siegel ihres Herrn zeichnete. Die Firmlinge erneuern dabei ihr Taufversprechen.

In der Ostkirche finden Firmung - und Kommunion - sofort nach der Taufe statt.

In der westlichen (lateinischen) Kirche fand sich eine andere Regelung. Ursprünglich spendete der Bischof, Vater der Ortskirche, die Taufe. Wegen der Zunahme der Pfarreien konnte er nicht mehr bei allen Taufen anwesend sein. Man hat daher

Taufe und Firmung zeitlich voneinander getrennt und die Firmung, welche die Vollendung der Taufe ist, dem Bischof vorbehalten.

Unter der Eingebung des Heiligen Geistes sagen die Firmlinge „ja" zu Christus, sie geloben ihre Verfügbarkeit für ihn und ihren festen Willen, nicht vom Glauben abzufallen. Sie bekunden ihren Willen, sich für die Kirche einzusetzen und ihren Brüdern und Schwestern beizustehen. Man wartet nicht, bis sie erwachsen sind, so als ob die Gnade einer weiteren Bestätigung bedürfte, um wirksam zu werden. Die Taufgnade ist ein ungeschuldetes Geschenk Gottes, das durch die Gnade der Firmung im Christen in dem Augenblick zur Vollendung gelangt, in dem er mit einer besonderen Kraft des Heiligen Geistes ausgestattet wird. Infolgedessen wird die Firmung den Jugendlichen im allgemeinen als „Sakrament der christlichen Mündigkeit" gespendet - diese Mündigkeit ist aber nicht notwendigerweise mit der physischen Reife gleichzusetzen.

Wie die Taufe prägt auch die Firmung der Seele ein geistliches Zeichen, ein unauslöschliches Siegel ein, weshalb auch dieses Sakrament nur einmal empfangen werden kann. Dieses Siegel öffnet uns noch mehr dem Wirken des Geistes, der in uns wohnt; es lässt uns als Kinder wachsen in unserer Beziehung zum Vater; es verwurzelt uns immer tiefer in der Kirche; es verleiht uns Licht, Kraft und Liebe, damit wir leben und durch unser ganzes Sein und Tun Zeugnis von Jesus Christus geben können. Alle sollen wahrnehmen können: Hier spricht und handelt ein Christ (vgl. KKK 1303).

Bei der Spendung des Sakraments der Firmung betet der Bischof:

„Allmächtiger Gott, Vater unseres Herrn Jesus Christus,
blicke auf diese Getauften, denen wir die Hände auflegen:
Durch die Taufe hast du sie von der Sünde befreit
und hast ihnen aus dem Wasser und
dem Heiligen Geist neues Leben geschenkt.

Wie du verheißen hast,
gießt du nun über sie deinen Heiligen Geist aus:
Schenke ihnen in Fülle den Geist, der auf deinem Sohn Jesus ruht:

den Geist der Weisheit und der Einsicht,
den Geist des Rates und der Stärke,
den Geist der Erkenntnis und der Liebe der Kinder Gottes,
und erfülle sie mit dem Geist der Frömmigkeit."

Der heilige Paulus sagt uns:

„Die Frucht des Geistes aber ist Liebe, Freude, Friede, Langmut, Freundlichkeit, Güte, Treue, Sanftmut und Selbstbeherrschung ... Alle, die zu Christus Jesus gehören, haben das Fleisch und damit ihre Leidenschaften und Begierden gekreuzigt. Wenn wir aus dem Geist leben, dann wollen wir dem Geiste auch folgen."

BRIEF AN DIE GALATER 5, 22-25

Firmung: „Die Firmung vollendet die Taufgnade. Sie ist das Sakrament, das den Heiligen Geist verleiht, um uns in der Gotteskindschaft tiefer zu verwurzeln, uns fester in Christus einzugliedern, unsere Verbindung mit der Kirche zu stärken, uns mehr an ihrer Sendung zu beteiligen und uns zu helfen, in Wort und Tat für den christlichen Glauben Zeugnis zu geben" (KKK 1316). Erwachsene erhalten die Firmung zugleich mit der Taufe.

15.4 Die Eucharistie

Das Sakrament der ***Eucharistie*** ist Herz und Mittelpunkt jeder Liturgie der Kirche Jesu Christi. Denn in diesem Sakrament erfüllt sich Tag für Tag rund um die Erde der Auftrag, der von Jesus am Abend vor seinem Leiden an die Apostel ergangen ist. Er sagte zu ihnen: „Tut dies zu meinem Gedächtnis." So gründet sich unsere Feier auf das Gedächtnis des letzten Abendmahles Jesu, wie es der heilige Paulus in seinem Zeugnis über diese heilige Überlieferung darlegt.

- „Denn ich habe vom Herrn empfangen, was ich euch dann überliefert habe: Jesus, der Herr, nahm in der Nacht, in der er ausgeliefert wurde, Brot, sprach das Dankgebet, brach das Brot und sagte: Das ist mein Leib für euch. Tut dies zu meinem Gedächtnis! Ebenso nahm er nach dem Mahl den Kelch und sprach: Dieser Kelch ist der Neue Bund in meinem Blut. Tut dies, sooft ihr daraus trinkt, zu meinem Gedächtnis!" (1 Kor 11, 23-25).

Das ***Opfer*** Jesu Christi begründet die Gemeinschaft. Dessen muss sich die Kirche - jede christliche Gemeinde (insbesondere jede Pfarrei) - bewusst sein, wenn sie die Eucharistie feiert. Die eucharistische Versammlung ist immer auch Danksagung und Lobpreis, Teilnahme an der Kommunion.

Die Eucharistie ist das Gedächtnis des letzten Mahles Jesu und seines Opfers am Kreuz. Dabei geht es nicht nur darum, sich an die Ereignisse der Vergangenheit zu erinnern, sondern sie gegenwärtig und lebendig zu machen. In jeder Eucharistie wird Christus gegenwärtig und handelt im eigentlichen Akt seines Pascha: seinem Tod und seiner Auferstehung, die uns retten, uns sein Leben schenken und uns mit ihm vereinen. Die Eucharistie ist ein Opfer, weil sie das eine Opfer des Kreuzes darstellt (vgl. KKK 1363-1366).

Durch die Teilhabe am Leib und Blut Christi vereinen sich die Christen persönlich mit Christus. Ebenso vereinen sich die Christen, da sie dasselbe Brot und damit denselben Leib Christi empfangen, auch untereinander tief und innig. Die Eucharistie baut die Kirche. Die Einheit im eucharistischen Leib baut den mystischen Leib Christi auf. „Ein Brot ist es. Darum sind wir viele ein Leib, denn wir alle haben teil an dem einen Brot" (1 Kor 10, 17). Die Eucharistie ist zudem Vorwegnahme des Mahles der künftigen Herrlichkeit, „des Hochzeitsmahles des Lammes" (Offb 19, 9), wie es der Priester formuliert, wenn er in der Messe nach dem lateinischen Ritus zur Kommunion einlädt (vgl. KKK 1130 und 1402-1403).

Die Eucharistie ist nicht zu trennen von der brüderlichen Liebe. Der Herr lehrt uns:

> „Wenn du deine Opfergabe zum Altar bringst und dir dabei einfällt, dass dein Bruder etwas gegen dich hat, so lass deine Gabe vor dem Altar liegen; geh und versöhne dich zuerst mit deinem Bruder, dann komm und opfere deine Gabe."
>
> EVANGELIUM NACH MATTHAUS 5, 23-24

Tut dies zu meinem Gedächtnis

Die Messe besteht aus vier Teilen:

1) Die Eröffnung der Feier mit gegenseitiger Begrüßung, Schuldbekenntnis und Kyrie-Litanei, Lobhymnus (Gloria) und Tagesgebet.

2) Der ***Wortgottesdienst*** umfasst drei Lesungen aus der Bibel: Die erste ist dem Alten Testament oder der Apostelgeschichte entnommen, die zweite einem der Briefe (Episteln) der Apostel, die dritte den Evangelien. Der Priester legt in der Homilie das Wort Gottes aus, damit jeder versteht, wie er heutzutage Christ sein kann. Am Sonntag und bei besonders feierlichen Messen wird das Credo (Glaubensbekenntnis) gesprochen. Im allgemeinen Gebet bringt die Gemeinde in Fürbitten die Nöte der Kirche und der Welt vor Gott.

3) In der ***liturgischen Feier der Eucharistie*** feiert die Gemeinde das Letzte Abendmahl des Herrn. Sie versammelt sich um den Altar, der zugleich der Christus vergegenwärtigende Eckstein, Opferaltar und Tisch des Herrn ist (vgl. KKK 1182 und 1383).

Brot und Wein werden zum Altar getragen und dort dem Herrn dargebracht (Offertorium oder Gabenbereitung). Dann spricht der Zelebrant, in dessen Person Christus handelt, das Hochgebet (das große Danksagungsgebet), das mit der Präfation beginnt; anschließend ruft er den Heiligen Geist auf die Gaben herab, damit sie Leib und Blut Christi werden und die Mitglieder der Gemeinde, die an der Kommunion teilnehmen, ein Leib und ein Geist werden in Christus (dieses Gebet heißt „Epiklese“, das aus dem Griechischen übersetzt „herabrufen“ bedeutet).

Es folgt der Einsetzungsbericht beim Letzten Abendmahl:

- Der Priester nimmt das Brot und sagt:
  „Nehmet und esset alle davon,
  das ist mein Leib,
  der für euch hingegeben wird.“

- Der Priester nimmt den Kelch und sagt:
  „Nehmet und trinket alle daraus,
  das ist der Kelch des neuen und ewigen Bundes,
  mein Blut, das für euch und für viele
  vergossen wird
  zur Vergebung der Sünden.
  Tut dies zu meinem Gedächtnis.“

Danach gedenkt man (in der Anamnese) des Geheimnisses des Pascha und der Wiederkehr Christi und bietet dem Vater das Opfer des Sohnes dar (vgl. KKK 1354). Es folgt das Fürbittengebet der Kirche für die Lebenden und Toten - vereint mit der Fürbitte Christi - in Gemeinschaft mit der ganzen Kirche im Himmel (den Heiligen) und auf Erden (dem Papst, den Bischöfen, den Priestern und allen Gläubigen). Das Gebet schließt mit einer feierlichen Danksagung an den Vater durch den Sohn im Heiligen Geist, auf welche die Gläubigen mit „Amen" antworten, um ihre volle Teilnahme an diesem Gebet und an dieser Darbringung des Opfers zu bekunden.

Am Ende des Hochgebetes sprechen die Gläubigen das „Vaterunser", das Gebet, das Christus uns gelehrt hat und in dem wir darum bitten, dass er uns sein Brot reicht und unsere Sünden vergibt. Der Zelebrant teilt das ***konsekrierte Brot*** (Brechung des Brotes), und die Gemeinde tauscht den Friedensgruß aus. Anschließend empfangen die Gläubigen das konsekrierte Brot und bei besonderen Gelegenheiten den Kelch des Heils: Das sind der Leib und das Blut Christi, die für uns hingegeben wurden.

4) Die Eucharistiefeier endet mit dem Segen und der Entlassung der Gemeinde.

„Herr Jesus Christus,
du bist das Brot, das lebendig macht,
du bist das Brot, das uns zu Brüdern macht,
du bist das Brot, das der Vater uns schenkt.

Du bist der Weg, den wir gewählt haben,
du bist der Weg, der durch das Leiden führt,
du bist der Weg, der zur Freude führt.

Es ist würdig und recht, dich zu besingen,
dir dankbar zu sein, dich zu preisen,
dir Dank zu sagen und dich anzubeten
überall, wohin deine Herrschaft reicht."

NACH JOHANNES CHRYSOSTOMUS († 407)

Eucharistie: bedeutet „Danksagung". Die ganze Messfeier wird so genannt. Aber man bezeichnet als Eucharistie auch die liturgische Feier der Eucharistie mit dem Hochgebet, die den dritten Teil der Messe umfasst und an den Wortgottesdienst anschließt. Man nennt Eucharistie auch die Hostie, das konsekrierte Brot, das wir bei der Kommunion empfangen und das wir im Tabernakel zu jeder Zeit anbeten. Wenn wir sagen wollen, dass das Opfer Jesu Christi bei der Eucharistiefeier vergegenwärtigt ist, sprechen wir vom „heiligen

Opfer“. Der Ausdruck „Brechung des Brotes“, der auf die Geste des Teilens hinweist, ist die älteste Bezeichnung für dieses Sakrament (Lk 24, 35; Apg 2, 42; 20, 7.11). Der Name „heilige Messe“ hängt zusammen mit dem Schluss der Feier, der Entlassung oder Aussendung (lateinisch: „missio“) der Gläubigen, damit sie in ihrem Alltagsleben und in ihrer Umgebung Zeugnis geben von Jesus Christus. Die Eucharistie ist Mitte und Höhepunkt des Lebens der Kirche. Sie ist der vollkommenste Ausdruck der Verehrung, die wir Gott erweisen.

Wortgottesdienst: Bezeichnung des zweiten Teiles der Eucharistiefeier, aber auch anderer Gottesdienste, in deren Verlauf eine Textstelle aus der Heiligen Schrift gelesen und ausgelegt wird.

Konsekration: Die Worte Jesu „Das ist mein Leib, das ist mein Blut“ sind nicht einfach ein bildlicher Ausdruck oder ein Vergleich. Wir glauben, dass während der Eucharistiefeier das Brot und der Wein - unsere Opfergaben - in Leib und Blut unseres Herrn verwandelt werden, ohne dadurch ihre sichtbare Erscheinungswirklichkeit zu verlieren. Wir glauben, dass im Sakrament der Eucharistie „wahrhaft, wirklich und substanzhaft der Leib und das Blut zusammen mit der Seele und Gottheit unseres Herrn Jesus Christus und daher der ganze Christus enthalten ist“ (Definition des Konzils von Trient, das von 1545 bis 1563 abgehalten wurde). Auf dieses Glaubensgeheimnis beziehen wir uns, wenn wir von „Konsekration“ sprechen.

Opfer: „Unser Erlöser hat beim Letzten Abendmahl in der Nacht, da er ausgeliefert wurde, das eucharistische Opfer seines Leibes und Blutes eingesetzt, um dadurch das Opfer des Kreuzes durch die Zeiten hindurch bis zu seiner Wiederkunft fortdauern zu lassen und so der Kirche ... eine Gedächtnisfeier seines Todes und seiner Auferstehung anzuvertrauen“ (II. Vatikanisches Konzil, *Sacrosanctum Concilium* 47).

15.5 Buße und Versöhnung

Zu Beginn jeder Eucharistiefeier sprechen wir alle gemeinsam: „Ich bekenne Gott, dem Allmächtigen, und allen Brüdern und Schwestern, dass ich Gutes unterlassen und Böses getan habe - ich habe gesündigt in Gedanken, Worten und Werken durch meine Schuld, durch meine Schuld, durch meine große Schuld. Darum bitte ich die selige Jungfrau Maria, alle Engel und Heiligen und euch, Brüder und Schwestern, für mich zu beten bei Gott, unserem Herrn.“

Wir beten so, weil jeder weiß, dass er Mensch ist. Ein Mensch, der Böses tun und denken kann, der gegenüber Gott, gegenüber seinen Mitmenschen, gegenüber den Geschöpfen, die ihm anvertraut sind, schuldig werden kann. Wir beten so, indem wir unser Vertrauen in den Herrn Jesus Christus legen, der von sich sagt: „Denn ich bin gekommen, um die Sünder zu rufen, nicht die Gerechten“ (Mt 9, 13). Er beginnt sein Wirken in der Öffentlichkeit mit dem Gebot: „Kehrt um, denn das Himmelreich ist nahe!“ (Mt 4, 17) Denen, die sich über seine

Gespräche mit den Sündern empören, antwortet er: „... so wird auch im Himmel mehr Freude herrschen über einen einzigen Sünder, der umkehrt, als über neunundneunzig Gerechte, die es nicht nötig haben ***umzukehren***" (Lk 15, 7).

Über die Sünderin, die ihm mit ihren Tränen die Füße wusch, sagt Jesus: „Ihr sind ihre vielen Sünden vergeben, weil sie (mir) soviel Liebe gezeigt hat" (Lk 7, 47); er ist gekommen, das verlorene Schaf zu suchen (Lk 15, 4); er hält sich im Haus des Zöllners Zachäus auf, denn er ist gekommen, „um zu suchen und zu retten, was verloren ist" (Lk 19, 10); nachdem er die Ankläger der Ehebrecherin mit den Worten: „Wer von euch ohne Sünde ist, werfe als erster einen Stein auf sie" zurückgewiesen hat, sagt er zu der Frau: „Auch ich verurteile dich nicht" (Joh 8, 7-11); dem neben ihm gekreuzigten Verbrecher verspricht er, noch heute werde er mit ihm im Paradies sein (Lk 23, 43); er vergibt dem Petrus seine dreimalige Verleugnung und bestellt ihn zum Hirten seiner Herde (Joh 21, 15-17).

In seinen Gleichnissen spricht Jesus von Gott, der die Menschen liebt, wie ein Vater oder eine Mutter ihr Kind liebt und schon von weitem nach ihm Ausschau hält (Lk 15, 11-24). Seine Liebe erlischt nie. Sie dauert selbst dann fort, wenn jene, die er liebt, sich von ihm und seinen Worten und Geboten abkehren.

Jesus spricht vom Vater. Er ermahnt das Volk - jeden einzelnen - umzukehren und sich zum Vater zu begeben, der nur selten zürnt, aber rasch zur Vergebung bereit ist. Mit der Vollmacht des Vaters ausgestattet, bietet Jesus den Sündern Versöhnung und ***Vergebung*** - ein neues Leben - an. Seine Kirche, die Gemeinschaft der Brüder und Schwestern Jesu, ist der Ort, wo der Vater den verlorenen Sohn, wenn dieser Reue zeigt und umkehrt, mit offenen Armen und voll Freude darüber aufnimmt, dass ein Bruder oder ein Sohn, eine Schwester oder eine Tochter wiedergefunden wurde.

Für diese Sendung der Kirche haucht Jesus am Osterabend seinen Aposteln den Heiligen Geist ein und erteilt ihnen die Vollmacht, Sünden zu vergeben (Joh 20, 22-23). Dem heiligen Petrus, Grundstein seiner Kirche, vertraut Jesus diesen Dienst der Versöhnung mit den Worten an: „Was du auf Erden binden wirst, das wird auch im Himmel gebunden sein, und was du auf Erden lösen wirst, das wird auch im Himmel gelöst sein" (Mt 16, 19).

Die Vergebung der ***Sünden,*** die wir im Glaubensbekenntnis verkünden, wird für jeden von uns im Sakrament der Buße konkrete Wirklichkeit. Jeder Getaufte kann das Sakrament der Versöhnung durch die Vermittlung eines von der Kirche beauftragten Priesters empfangen. Wer nach der Taufe eine schwere Schuld begangen hat, muss sich mit Gott und mit der Gemeinschaft der Gläubigen versöhnen, bevor er die Kommunion empfangen kann. Man verlangt vom Sünder, dass er in diesem Sakrament der Versöhnung seine Schuld zugibt und den festen Entschluss fasst, sein Leben zu ändern; dass er seine Schuld beichtet und bereit ist, seine Verfehlungen nach Möglichkeit wieder gutzumachen und die ihm vom Priester auferlegte Buße anzunehmen.

Der häufige Empfang des Sakraments der Versöhnung wirkt sich auch dann segensreich für uns Christen aus, wenn wir keine schwere Sünde begangen haben. Wer regelmäßig beichtet, wird sich mitunter derselben Sünden anklagen, weil unsere ureigenen Neigungen uns dazu verleiten, dieselben Sünden wieder zu begehen. Regelmäßiges Beichten bewirkt aber, dass die Gnade des Sakramentes diese Sünden stets hinwegnimmt, uns nach und nach von unseren schlechten Neigungen reinigt und uns die Kraft gibt, den Anforderungen des Evangeliums gemäß zu leben.

Das Sakrament der Versöhnung ist aber nicht nur ein privater Schritt, sondern es versöhnt uns auch mit der Kirche, indem es die von der Sünde zerbrochene oder beschädigte brüderliche Gemeinschaft wiederherstellt (vgl. KKK 1469). Durch die Gemeinschaft der Heiligen besteht unter den Gläubigen ein wunderbarer Austausch, wobei die Heiligkeit des einen allen anderen zugute kommt (vgl. KKK 1475), denn jeder trägt die Bürden seiner Brüder.

Deshalb kann das Sakrament der Buße und der Versöhnung auch im Rahmen einer gemeinschaftlichen Feier stattfinden, bei der das persönliche Sündenbekenntnis und die individuelle Absolution in einen Wortgottesdienst mit gemeinsamer Gewissenserforschung, gemeinsamer Bitte um Vergebung, gemeinsamem Gebet und gemeinsamer Danksagung eingegliedert sind. Eine solche gemeinschaftliche Feier bringt den kirchlichen Charakter der Buße klarer zum Ausdruck.

Im Fall einer schweren Notlage kann der Priester, wenn das persönliche Sündenbekenntnis nicht möglich ist, einer Gruppe die Lossprechung und Versöhnung erteilen: es handelt sich hierbei um eine „Generalabsolution“. Doch jeder ist dazu verpflichtet, seine schweren Sünden möglichst bald einzeln zu beichten (vgl. KKK 1483).

Die Absolution:

Gott, der barmherzige Vater, hat durch den Tod und die Auferstehung seines Sohnes die Welt mit sich versöhnt und den Heiligen Geist gesandt zur Vergebung der Sünden. Durch den Dienst der Kirche schenke er dir Verzeihung und Frieden.

So spreche ich dich los von deinen Sünden im Namen des Vaters und des Sohnes und des Heiligen Geistes.

Reue (Umkehr): heißt, sich vom Bösen abzuwenden und zu einem Neuanfang entschlossen und bereit zu sein. Die Bezeichnung „Bußsakrament" hebt den festen Vorsatz des Sünders hervor, seine Schuld wieder gutzumachen. Von „Beichte" spricht man, wenn es sich um das persönliche Sündenbekenntnis handelt; das Sakrament wird auch „Sakrament der Versöhnung" genannt.

Vergebung: „Die individuelle vollständige Beichte der schweren Sünden und die darauf folgende Lossprechung ist das einzige ordentliche Mittel zur Versöhnung mit Gott und der Kirche" (KKK 1497).

Sünde: „Die Sünden sind nach ihrer Schwere zu beurteilen. Die schon in der Schrift erkennbare Unterscheidung zwischen Todsünde und lässlicher Sünde wurde von der Überlieferung der Kirche übernommen. Die Erfahrung der Menschen bestätigt sie" (KKK 1854).
„Damit eine Tat eine *Todsünde* ist, müssen gleichzeitig drei Bedingungen erfüllt sein: ‚Eine Todsünde ist jene Sünde, die eine schwerwiegende Materie zum Gegenstand hat und die dazu mit vollem Bewusstsein und bedachter Zustimmung begangen wird'" (KKK 1857).
„Eine *lässliche Sünde* begeht, wer in einer nicht schwerwiegenden Materie eine Vorschrift des Sittengesetzes verletzt oder das Sittengesetz zwar in einer schwerwiegenden Materie, aber ohne volle Kenntnis oder volle Zustimmung übertritt" (KKK 1862).

Der Vater nimmt uns mit offenen Armen auf

15.6 Die Krankensalbung

Wenn Menschen krank werden, ändert sich ihr Leben. Oft können sie nicht mehr selber für sich sorgen und sind auf fremde Hilfe angewiesen. Sie können nicht mehr zu anderen gehen, sondern müssen darauf warten, dass die anderen zu ihnen kommen. Sie erbringen keine „Leistung" mehr. Es kommt vor, dass sie in den Augen der Gesellschaft nichts mehr „wert" sind. Nicht selten vereinsamen sie, verlieren Mut und Hoffnung.

Jesus hat die Kranken nicht gemieden. Er hat ihnen gezeigt, dass Gott sie liebt und hat viele von ihnen geheilt, denn er ist gekommen, um den ganzen Menschen - Leib und Seele - zu retten und zu heilen. Weil seine Kirche nicht nur eine Glaubens-, sondern auch eine Lebensgemeinschaft ist, soll jeder erleben können, dass er in ihr einen Bruder, eine Schwester hat: Krankenbesuche sind ein *Werk der Barmherzigkeit.*

- Die Kirche hat sich von Anfang an den Kranken gegenüber als besonders fürsorglich erwiesen: „Ist einer von euch krank? Dann rufe er die Ältesten der Gemeinde zu sich, sie sollen Gebete über ihn sprechen und ihn im Namen des Herrn mit Öl salben. Das gläubige Gebet wird den Kranken retten, und der Herr wird ihn aufrichten; wenn er Sünden begangen hat, werden sie ihm vergeben" (Jak 5, 14-15).

Das Sakrament wird heute noch auf diese Weise gespendet. Der Priester betet für und mit dem Kranken. Er salbt ihm Stirn und Hände mit dem geweihten Krankenöl und sagt:

- „Durch diese heilige Salbung helfe dir der Herr in seinem reichen Erbarmen, er stehe dir bei mit der Kraft des Heiligen Geistes. Der Herr, der dich von Sünden befreit, rette dich, in seiner Gnade richte er dich auf."

Die Krankensalbung wird nicht nur Sterbenden gespendet. Sie kann allen gespendet werden, die wegen einer schweren Krankheit oder eines Gebrechens in Lebensgefahr geraten; denn jede Krankheit kann uns den Tod ahnen lassen. Es ist angebracht, dieses Sakrament vor einer schweren Operation zu empfangen; das gleiche gilt, wenn wegen fortgeschrittenen Alters ein Verfall der Kräfte eintritt (vgl. KKK 1514-1515).

Im Laufe derselben Krankheit wird die Salbung nicht wiederholt (denn dieses Sakrament stellt eine Weihe des Krankheitszustandes dar), sie kann aber neuerlich gespendet werden, wenn sich die Krankheit verschlimmert. Um so mehr muss die Krankensalbung den Sterbenden gewährt werden. In diesem Fall empfängt der Kranke nach der Salbung die heilige Kommunion als „Wegzehrung" (= Brot für die letzte Reise).

Die eigentliche Wirkung dieses Sakramentes besteht in einer besonderen Gabe des Heiligen Geistes: der Gnade der Stärkung, Beruhigung und Ermutigung. Der Heilige Geist erneuert das Vertrauen des Kranken auf Gott und den Glauben an ihn und stärkt ihn gegen die Versuchung der Entmutigung und der Todesangst (vgl. KKK 1520). Durch diese Gnade nimmt Christus unsere Leiden auf sich und trägt unsere Krankheiten (Mt 8, 17). Er vereint den Kranken noch inniger mit seinem erlösenden Leiden und lässt ihn an seinem Heilswerk teilnehmen, denn der Kranke ergänzt - wie der heilige Paulus schreibt - für den Leib Christi, die Kirche, in seinem Leib das, was an den Leiden Christi noch fehlt (Kol 1, 24). So erhält das Leiden einen neuen Sinn: Es trägt zur Heiligung der Kirche und zum Wohl aller Menschen bei, für die die Kirche leidet und sich durch Christus dem Vater darbringt. In bestimmten Fällen wird das Sakrament, so Gott will, die Genesung des Kranken erwirken können - ein Zeichen dafür, dass Gott sein Volk besucht hat und dass das Himmelreich nahe ist.

Wer sein Leben in die Hände Jesu Christi legt, wer mit ihm lebt, kann zuversichtlich sein: Er wird selbst in Krankheit und Todesgefahr nicht von dieser Gemeinschaft getrennt werden. Die Gläubigen können sich auf ihren Herrn verlassen. Er weiß, was Leiden ist. Sie können ihn um seinen Beistand bitten. Sie können für das Leben der Welt ihr eigenes Leiden mit dem seinen vereinigen.

> „Keiner von uns lebt sich selber,
> und keiner stirbt sich selber:
> Leben wir, so leben wir dem Herrn,
> sterben wir, so sterben wir dem Herrn.
> Ob wir leben oder ob wir sterben,
> wir gehören dem Herrn“.
>
> BRIEF AN DIE RÖMER 14, 7-8

Das Sakrament der Krankensalbung kann im Krankenhaus, zu Hause oder in einer Kirche einem einzelnen oder mehreren Personen gleichzeitig gespendet werden. Wann immer möglich, soll die Krankensalbung in Anwesenheit der christlichen Gemeinde innerhalb der Eucharistiefeier, des Sakraments des Pascha Christi, gespendet werden, damit die Kranken auch die Kommunion empfangen können.

15.7 Das Sakrament der Weihe

Christus Jesus ist der einzige Priester, der einzige Mittler zwischen Gott und den Menschen (1 Tim 2, 5), denn durch seine Menschwerdung ist er wahrer Gott und wahrer Mensch und verwirklicht so vollkommen die Vereinigung beider Naturen in seiner einen Person. Er bringt am Kreuz das einmalige Erlösungsopfer dar, das alle mit Gott versöhnt (vgl. KKK 1545).

Er hat die Kirche gegründet als die Gemeinschaft all derer, die durch ihren Herrn Jesus Christus mit Gott versöhnt werden. Jeder Getaufte und Gefirmte hat teil am Priestertum Jesu Christi. Deshalb spricht man vom „allgemeinen Priestertum" oder Taufpriestertum. Das bedeutet, dass sich jeder gemäß seiner eigenen Berufung an der Sendung Christi beteiligt: Durch ein Leben in Glauben, Hoffnung und Liebe, was einer Entfaltung der Taufgnade durch das Wirken des Heiligen Geistes entspricht, nimmt jeder Christ und jede Christin teil am Priestertum (sie bringen sich selbst und ihre Brüder und Schwestern Gott dar), Prophetentum (sie sind Zeugen Gottes und seiner Frohen Botschaft) und Königstum Christi (sie arbeiten gemäß dem Plan Gottes an der Vollendung der Schöpfung).

- In seinem ersten Brief erinnert der heilige Petrus (2, 9) eine verfolgte Gemeinde an ihre Würde:
  „Ihr aber seid ein auserwähltes Geschlecht, eine königliche Priesterschaft, ein heiliger Stamm, ein Volk, das (Gottes) besonderes Eigentum wurde, damit ihr die großen Taten dessen verkündet, der euch aus der Finsternis in sein wunderbares Licht gerufen hat."

Damit die Kirche wirklich den Leib darstellt, dessen Haupt Christus ist (Kol 1, 18), muss Christus, das Haupt, in seiner Kirche sichtbar gegenwärtig sein, nachdem uns durch seine Himmelfahrt seine sichtbare Gegenwart genommen wurde (vgl. KKK 788). Diese Aufgabe erfüllt das geweihte Priestertum, das Christus repräsentiert, das heißt ihn vergegenwärtigt. Die aus der Gemeinschaft der Gläubigen ausgewählten Amtsträger stehen in ihrem Dienst, sie sind Diener am gemeinsamen Priestertum und an der Entfaltung der Taufgnade aller Christen. Sie bewahren die Einheit der Gemeinschaft und hüten die gemeinsame Glaubenstreue. Für dieses Amt (diesen Dienst) werden sie durch das Sakrament der Weihe (Ordination) bestellt.

Jesus selbst hat schon während seines Erdenlebens unter seinen Jüngern zwölf Männer ausgewählt und sie Apostel (d.h. Gesandte) genannt. Er selbst trägt ihnen auf, das Evangelium zu verkünden, Zeichen zu tun und damit auf das nahe Gottesreich hinzuweisen und das neue Volk Gottes bei allen Völkern der Erde zu taufen und zu versammeln. Nach Pfingsten predigen sie, vom Heiligen Geist inspiriert, zuerst in Jerusalem, dann in ganz Judäa und Samaria und schließlich in allen Ländern bis an die „Grenzen der Erde" (Apg 1, 8). Überall gründen sie Gemeinden. An die Spitze dieser Gemeinden stellen sie „Älteste" und übertragen ihnen ihr Amt durch Gebet und Handauflegung.

Noch heute sieht das Weihesakrament drei Stufen des kirchlichen Amtes - Bischof, Priester und Diakon - vor.

- Der Bischof (die Bezeichnung kommt vom griechischen Wort *epískopos*, was soviel bedeutet wie „Wächter“) ist Nachfolger der Apostel. Er hat mit einer besonderen Ausgießung des Geistes kraft der Weihe, die durch das Gebet und das Auflegen der Hände anderer Bischöfe vollzogen wird, die Fülle des Weihesakramentes empfangen (vgl. KKK 1557). Er leitet eine „Diözese“ und ist dort verantwortlich für die Verkündigung des Evangeliums, den Gottesdienst, die Glaubenslehre und die Heiligung des Gottesvolkes, das er auf den Weg zum Reich Gottes führt und leitet. Ebenso obliegt ihm die Sorge um die ihm anvertrauten Gläubigen, insbesondere um die ärmsten und geringsten unter ihnen. Als Nachfolger der Apostel entscheidet der Bischof, wem er ein Amt in der Kirche anvertraut, und er weiht Priester und Diakone. Der Erste unter ihnen ist der Bischof von Rom, der Papst. Er ist der Nachfolger des heiligen Petrus, dem der Auferstandene seine Herde anvertraut hat (Joh 21, 15-17).

- Die Priester (auf griechisch: *presbyteros* = „der Älteste“) werden vom Bischof geweiht, dem sie vor allem bei der Verkündigung des Evangeliums und bei der Feier der Sakramente als seine Mitarbeiter zur Seite stehen. Ausgestattet mit der Vollmacht Jesu, leiten die meisten von ihnen eine Pfarrei (Teil der Diözese) und nehmen sie in ihre Obhut. Bei ihrer Weihe legt ihnen zuerst der Bischof, danach auch alle anwesenden Priester die Hände auf zum Zeichen der Gemeinschaft des Priesterkollegiums (Presbyterium) rund um den Bischof, dem sie Gehorsam geloben.

- Die Diakone (griechisch: diákonos = „Diener“) nehmen in Nachahmung der Dienerschaft Jesu verschiedene Dienste in der Gemeinde wahr: den Dienst der Nächstenliebe - besonders an den Armen und Kranken -, den Dienst des gemeinsamen Gebetes und den Dienst der Predigt und des Glaubensunterrichts (Katechese) (vgl. KKK 1570). Zu ihren Aufgaben gehört es auch, die Kommunion auszuteilen, die Taufe zu spenden, bei Eheschließungen den Segen zu erteilen und Begräbnissen vorzustehen. Sie werden durch Auflegung der Hände des Bischofs geweiht.

Die Männer, denen ein Amt in der Kirche übertragen wird, unterliegen besonderen Auswahlkriterien. Dabei spielen weder das erworbene Wissen noch die Herkunft eine vorrangige Rolle. Es zählen allein der Glaube an Gott, die Bindung an Jesus Christus und die Liebe zu den Menschen, besonders zu den Armen. Nur wer sich das Wort Jesu zu eigen macht: „... wer bei euch groß sein will, der soll euer Diener sein, und wer bei euch der Erste sein will, der soll der Sklave aller sein“ (Mk 10, 43-44), kann zu dem Zeichen werden, das die Liebe Gottes auf menschliche Weise wahrnehmbar macht.

In der gesamten Kirche ist das Bischofsamt - genauso wie das Priesteramt in der Kirche des lateinischen Ritus - unverheirateten Männern vorbehalten. Zu Diakonen können auch verheiratete Männer geweiht werden.

Wie der heilige Petrus - der vom Herrn selbst zum Ersten der Apostel eingesetzt wurde - zusammen mit den anderen Aposteln ein einziges Kollegium der Apostel bildete, so bildet der Papst, Bischof von Rom und als solcher Nachfolger des heiligen Petrus, mit den übrigen Bischöfen, den Nachfolgern der Apostel, ein einziges Bischofskollegium, in dem alle Bischöfe kollegial die Sorge für alle Teilkirchen tragen (vgl. KKK 1560). Als Stellvertreter Christi und Hirt der ganzen Kirche ist der Papst Garant und Fundament der Einheit der Kirche. Auch die Gemeinschaft der Bischöfe übt eine Vollmacht über die ganze Kirche aus, jedoch nur in Gemeinschaft mit dem Papst, dem Bischof von Rom, und niemals ohne ihn.

Wenn Konflikte zu lösen oder Glaubensfragen eindeutig zu formulieren sind, welche die ganze Kirche betreffen, beruft der Papst alle Bischöfe zu einer Versammlung, einem „Konzil" ein. Die Kirchengeschichte kennt 21 solcher Konzilien, deren Beschlüsse in der ganzen Kirche gültig sind. Das letzte Konzil, das sogenannte „Zweite Vatikanische Konzil", fand von 1962 bis 1965 im Vatikan statt.

Wir beten:

„Gedenke deiner Kirche auf der ganzen Erde,
und vollende dein Volk in der Liebe,
vereint mit unserem Papst ..., unserem Bischof ...
und allen Bischöfen, unseren Priestern und Diakonen
und mit allen, die zum Dienst in der Kirche bestellt sind."

Aus dem Zweiten Hochgebet der Eucharistiefeier

15.8 Die Ehe

In der Regel wird ein Kind in eine Familie hineingeboren. Die Gesichter von Vater und Mutter sind sein erstes Gegenüber. Von der Liebe und Freude seiner Eltern umgeben, entwickelt sich das Kind in seinem menschlichen Sein. An ihrer Hand lernt es aufrecht gehen. Es weiß, dass es auf ihre Liebe zählen kann. Einem Menschen, dem diese Erfahrung am Beginn seines Lebens versagt bleibt, wird es später oft schwer fallen, anderen zu vertrauen, an die Liebe und das Geliebtwerden zu glauben.

Dadurch, dass er liebt, wird der Mensch erst ganz zu dem, was er ist. Denn Gott - der selbst die Liebe ist - hat ihn nach seinem Bild als Mann und Frau erschaffen (Gen 1, 27). Wenn ein Mann und eine Frau sich begegnen und lieben, wollen sie nicht mehr ohne einander leben. Mit der Verlobung treten sie in eine besondere Zeit der Vorbereitung auf die Ehe ein - eine Schule des Lebens und der Keuschheit, eine Zeit der Gnade, während der die Brautleute ihre Heiratspläne und die damit verbundenen Verpflichtungen vertiefen. Im Sakrament der Ehe versprechen sich die Brautleute in freiem gegenseitigem Einverständnis lebenslange Treue: Durch dieses Einverständnis kommt die Ehe zustande. Die menschliche Liebe der Brautleute wird nun von der Liebe Gottes innerlich verwandelt, so dass sie einander diese Liebe Gottes schenken und sich gegenseitig heiligen (vgl. KKK 1639-1642). Da es aber hier nicht nur um die Liebe zweier Menschen, sondern auch um die Liebe Gottes geht, geben sich die Brautleute dieses Versprechen öffentlich vor der Kirchengemeinde (vertreten durch die Trauzeugen) und vor dem Priester oder Diakon. Dieser repräsentiert die Kirche und vollzieht mit dem Segen für das Ehepaar die Trauung. Durch den Segen empfangen die Brautleute den Heiligen Geist als Gemeinschaft der Liebe zwischen Christus und der Kirche (vgl. KKK 1624).

Jesus selbst ist in einer Familie aufgewachsen, die in herausragender Weise von der Heiligkeit Marias und Josefs geprägt war. Zu Beginn seines öffentlichen Lebens offenbart er sich seinen Jüngern dadurch, dass er bei einem Hochzeitsfest sein erstes Zeichen wirkt (Joh 2, 1-11). „Die Kirche misst der Teilnahme Jesu an der Hochzeit von Kana große Bedeutung bei. Sie erblickt darin die Bestätigung dafür, dass die Ehe etwas Gutes ist, und die Ankündigung, dass die Ehe fortan ein wirksames Zeichen der Gegenwart Christi sein wird“ (KKK 1613).

> „Dies ist ein tiefes Geheimnis; ich beziehe es auf Christus und die Kirche.“
>
> Brief an die Epheser 5, 32

Der Bund der Eheleute wird durch ihre gegenseitige Hingabe besiegelt: Sie werden „ein Leib und eine Seele“ und finden so ihre Erfüllung und ihr Glück.

Die eheliche Liebe setzt ihrer Natur nach voraus, dass sie über das leibliche Einswerden hinausführt und offen ist für die Fruchtbarkeit. Aus dem Bund der Eheleute kann neues Leben entstehen: Der Mann und die Frau werden Vater und Mutter. Ihr Leben erweitert sich. Jedes Kind ist ein Geschenk Gottes, aber auch ein Auftrag. Deshalb ist es wichtig, dass die Ehegatten sich vor Gott und vor ihrem Gewissen über die Zahl ihrer Kinder und über ihre Möglichkeiten, sie zu erziehen, klar werden. Ebenso hat jedes Kind das Recht, in einer auf die Ehe gegründeten Familie geboren zu werden. Eine künstliche Empfängnisverhütung ist nicht erlaubt; die natürliche Familienplanung darf jedoch stets eingesetzt werden.

„Einheit, Unauflöslichkeit und Bereitschaft zur Fruchtbarkeit sind für die Ehe wesentlich. Die Polygamie lässt sich mit der Einheit der Ehe nicht vereinbaren. Eine Scheidung trennt, was Gott vereint hat; die Weigerung fruchtbar zu sein, bringt das eheliche Leben um seine ‚vorzüglichste Gabe', das Kind" (KKK 1664).

Die Ehe ist ein Bund fürs Leben. Jesus sagt: „Was aber Gott verbunden hat, das darf der Mensch nicht trennen" (Mk 10, 9). Das ist für viele ein hartes Wort, denn für das Gelingen einer Beziehung gibt es keine Garantie: Menschen können sich irren; bei Krankheit oder in Notsituationen kann ihre Liebe schwinden. Es kann geschehen, dass zwei Menschen, die sich liebten, kein Verständnis mehr füreinander aufbringen und nicht mehr miteinander reden können, dass sie einander fremd werden. In der Tat darf das Sakrament der Ehe nicht eine bloße Erinnerung an glückliche Zeiten sein, da es in Wahrheit die nie versiegende und bis ans Lebensende stets zugängliche Gnadenquelle ist, aus der die Eheleute die Erneuerung der gegenseitigen Liebe, die Kraft zum Vergeben, Hilfe in der Prüfung und Freude über die Treue schöpfen können.

Dennoch gibt es Ehen, die scheitern, und die Christen glauben mit Recht, dass sie selbst in einem solchen Fall weder auf die Liebe Gottes noch auf die der Kirche Christi verzichten müssen; sie sind jedoch nicht frei, eine neue Ehe zu schließen (vgl. KKK 1649-1651).

Hinweis: Es besteht die Möglichkeit über ein Ehenichtigkeitsverfahren zu prüfen, ob die Ehe in christlichem Sinn tatsächlich gültig geschlossen wurde.

Das Eheversprechen:

Ich nehme dich an als meine Frau (meinen Mann)
und verspreche dir die Treue
in guten und bösen Tagen, in Gesundheit und Krankheit.
Ich will dich lieben, achten und ehren, solange ich lebe.

Was Gott verbunden hat, das darf der Mensch nicht trennen

DRITTER TEIL

DIE BERUFUNG DES MENSCHEN: DAS LEBEN IM GEIST

DAS LEBEN IN CHRISTUS

16. Die Berufung des Menschen: Das Leben im Geist

Der Mensch ist das einzige Geschöpf auf Erden, das um seiner selbst willen von Gott gewollt und von seiner Empfängnis an zur ewigen Seligkeit ausersehen ist. Gott hat ihm eine geistige und unsterbliche Seele gegeben, die es ihm ermöglicht, das Licht und die Kraft seines Heiligen Geistes zu empfangen. „Durch seine Vernunft ist er fähig, die vom Schöpfer in die Dinge hineingelegte Ordnung zu verstehen. Durch seinen Willen ist er imstande, auf sein wahres Heil zuzugehen. Er findet seine Vollendung in der Suche und Liebe des Wahren und Guten“ (KKK 1704).

16.1 Die Würde des Menschen

- Der Mensch: Gottes Ebenbild

Als Gott den Menschen erschuf, schuf er ihn nach seinem Bilde, ihm ähnlich. Als Mann und Frau schuf er ihn (vgl. Gen 1, 26). Doch diese Schönheit des Menschen wurde durch die Ursünde entstellt, und der Mensch konnte seine großartige Berufung nicht mehr erkennen. Um wirklich zu begreifen, was es bedeutete, Gott ähnlich zu sein, musste er warten, dass der Sohn Gottes Mensch wurde. Denn Christus ist „das Ebenbild des unsichtbaren Gottes“ (Kol 1, 15). Er, der vollkommene Sohn, ist einer von uns geworden, um uns das Geheimnis seines Vaters zu enthüllen und uns in seine Sohnesliebe zum Vater mit hinein zu nehmen. Wenn wir jetzt Jesus, den menschgewordenen Sohn Gottes, betrachten, werden wir die ganze Schönheit des Menschen als Ebenbild Gottes entdecken und die Erhabenheit der Berufung jedes Menschen begreifen. „In Christus, dem Erlöser und Retter, wurde das durch die Ursünde entstellte göttliche Abbild im Menschen in seiner ursprünglichen Schönheit wiederhergestellt und durch die Gnade Gottes veredelt“ (KKK 1701).

- Gott hat den Menschen seiner eigenen Entscheidung überlassen (vgl. Sir 15, 14)

„Gott hat den Menschen als vernunftbegabtes Wesen erschaffen und ihm die Würde einer Person verliehen, die aus eigenem Antrieb handelt und über ihre Handlungen Herr ist, so dass der Mensch von sich aus seinen Schöpfer suche und frei zur vollen und seligen Vollendung gelange" (KKK 1730). Die Würde des Menschen liegt also vor allem in seiner Freiheit. „Jeder Mensch hat das natürliche Recht, als ein freies, verantwortliches Wesen anerkannt zu werden, weil er nach dem Bilde Gottes geschaffen ist. Alle Menschen sind einander diese Achtung schuldig. *Das Recht, die Freiheit auszuüben*, ist untrennbar mit der Würde des Menschen verbunden, besonders in sittlichen und religiösen Belangen" (KKK 1738).

- Menschliche Freiheit und Heiligkeit

Durch seinen Tod am Kreuz hat Christus für alle Menschen das Heil erworben. Er hat uns von der Sünde freigekauft, die uns in Knechtschaft hielt. Der heilige Paulus sagt: „Zur Freiheit hat uns Christus befreit" (Gal 5, 1). Er ist die Wahrheit, und in ihm sind wir innig verbunden mit der Wahrheit, die uns befreit (vgl. Joh 8, 32). Er hat uns seinen Heiligen Geist geschenkt, und „wo der Geist des Herrn wirkt, da ist Freiheit" (2 Kor 3, 17). Aufgrund des von Jesus, dem Sohn Gottes, gewirkten Heils ist unsere Freiheit zur „Freiheit und Herrlichkeit der Kinder Gottes" geworden (Röm 8, 21).

Die Freiheit ist uns geschenkt, nicht um das Gute oder das Böse zu wählen, sondern damit wir uns von selber für das Gute und für das entscheiden, was der Wahrheit entspricht. Die Gnade Christi beeinträchtigt keineswegs unsere Freiheit; im Gegenteil, je empfänglicher wir für die Anregungen der Gnade sind, um so größer wird unsere innere Freiheit. Denn wir besitzen eine innere Kraft, die es uns ermöglicht, wahre Entscheidungen für das Gute zu treffen, ohne dass wir dem Druck und den Zwängen der äußeren Welt nachgeben oder unserem Egoismus und einem uns einengenden inneren Widerstand erliegen. Ein leuchtendes Beispiel dieser Freiheit bieten uns die Märtyrer, die ohne Furcht vor dem oft schrecklichen Tod an ihrem Glauben und ihrer Liebe zu Christus festhalten. Der Heilige Geist erzieht uns zur geistigen Freiheit, um uns in Anlehnung an den göttlichen Willen zu freien Mitarbeitern seines Werkes in Kirche und Welt zu machen (vgl. KKK 1741-1742): Das ist Heiligkeit.

- Das sittliche Gewissen

Jeder Mensch hört eine Stimme in seinem Herzen, eine Stimme, die wir das Gewissen nennen. Diese Stimme ermöglicht es jedem, den sittlichen Wert seines Handelns zu beurteilen. Das Gewissen ist die innerste und geheimste Mitte des Menschen, das Heiligtum, wo er mit Gott allein ist, wo er seine Stimme hört. Das aufrechte, gut gebildete Gewissen befähigt jeden Menschen - Erwachsene und Kinder - dazu, zwischen dem, was gut ist und was böse, zu unterscheiden. Deshalb kann man sagen: Ich habe ein gutes Gewissen, ich habe anständig gehandelt. Oder: Ich habe ein schlechtes Gewissen, mein Gewissen quält mich, ich habe schlecht gehandelt. Im Innersten seines Gewissens entdeckt der Mensch ein Gesetz, das er sich nicht selbst gegeben hat, sondern dem er gehorchen muss. Diese Stimme, die ihn ständig drängt, das Gute zu lieben und zu tun und das Böse zu meiden, ertönt im geeigneten Augenblick im Innersten seines Herzens. Es ist ein Gesetz, das Gott im Herzen des Menschen eingeschrieben hat (vgl. KKK 1776).

Durch sein Gewissen erkennt der Mensch also, was Gott von ihm erwartet. Jeder ist dazu verpflichtet, auf die Stimme seines Gewissens zu hören und zu tun, was sie ihm sagt. Wer die Stimme seines Gewissens unterdrückt oder übergeht, setzt sich zur Wehr gegen sein Glück.

Wir müssen „unser Gewissen bilden", das heißt, es daran gewöhnen, dieses in unserem Innersten vorhandene Gesetz zu entdecken. Die Gewissensbildung ist eine Aufgabe für das ganze Leben, die in der frühesten Kindheit beginnt. Das unterstreicht die fundamentale Bedeutung der von Eltern, Lehrern und anderen Menschen geleisteten Erziehungsarbeit. „Bei der Gewissenbildung ist das Wort Gottes Licht auf unserem Weg. Wir müssen es uns im Glauben und Gebet zu eigen machen und in die Tat umsetzen ... Wir werden dabei durch die Gaben des Heiligen Geistes und das Zeugnis und die Ratschläge anderer unterstützt und durch die Lehre der kirchlichen Autorität geleitet" (KKK 1785). Dazu sollten wir zwei wertvolle Mittel in Anspruch nehmen: die Gewissensprüfung und den häufigen Empfang des Sakraments der Versöhnung.

16.2 Jesus ist der Weg, die Wahrheit und das Leben

- Der Weg zum Glück

Jeder Mensch hat in seinem Herzen das natürliche Verlangen nach Glück. Dieses Verlangen geht auf Gott zurück, der es in das Herz des Menschen gelegt hat, um ihn an sich zu ziehen, denn Gott allein vermag es wirklich zu befriedigen. Eines Tages stieg Jesus auf einen Berg und verkündete vor einer großen Menge von Jüngern die „Seligpreisungen" (Mt 5, 3-12). Sie stehen im Herzen seiner Lehre und haben seit ihrer Verkündigung auf der ganzen Erde Widerhall gefunden, da sie zutiefst dem uns allen innewohnenden natürlichen Verlangen nach Glück entsprechen; sie erfüllen selbst dieses Verlangen, denn unser Glück kann nicht nur ein irdisches sein: Es wird seine Vollendung erst im Himmelreich finden.

„Selig, die arm sind vor Gott;
denn ihnen gehört das Himmelreich.

Selig die Trauernden; denn sie werden getröstet werden.
Selig, die keine Gewalt anwenden; denn sie werden das Land erben.

Selig, die hungern und dürsten nach der Gerechtigkeit;
denn sie werden satt werden.

Selig die Barmherzigen; denn sie werden Erbarmen finden.
Selig, die ein reines Herz haben, denn sie werden Gott schauen.

Selig, die Frieden stiften;
denn sie werden Söhne Gottes genannt werden.

Selig, die um der Gerechtigkeit willen verfolgt werden;
denn ihnen gehört das Himmelreich.

Selig seid ihr, wenn ihr um meinetwillen beschimpft
und verfolgt und auf alle mögliche Weise verleumdet werdet.

Freut euch und jubelt:
Euer Lohn im Himmel wird groß sein."

EVANGELIUM NACH MATTHÄUS 5, 3-12

„Die Seligpreisungen spiegeln das Antlitz Jesu Christi und seine Liebe. Sie zeigen die Berufung der Gläubigen, in die Herrlichkeit seines Leidens und seiner Auferstehung mit hineingenommen zu werden; sie heben die Taten und Haltungen hervor, die das christliche Leben kennzeichnen; sie sind überraschende Verheißungen, die in Bedrängnissen die Hoffnung stärken; sie künden die Segnungen und Belohnungen an, welche die Jünger insgeheim schon besitzen; im Leben der Jungfrau Maria und aller Heiligen sind sie schon eröffnet."

KATECHISMUS DER KATHOLISCHEN KIRCHE 1717

• Jesus und die Sittlichkeit

Einmal kam ein junger Mann zu Jesus und stellte ihm die Frage: „Meister, was muss ich Gutes tun, um das ewige Leben zu gewinnen?" (Mt 19, 16) Jesus antwortete ihm: „Wenn du das Leben erlangen willst, halte die Gebote!" Jesus macht auf diese Weise deutlich, dass die Gebote Gottes dem Menschen den Weg zum Leben zeigen und ihn zum Leben hinführen. Im Alten Bund hatte Mose dem Volk die Zehn Gebote Gottes, den Dekalog, gegeben. Jesus, der Sohn Gottes, in dem sich die Offenbarung vollendet, gibt uns erneut diese Gebote. Er bestätigt sie endgültig und stellt sie uns als Weg und Voraussetzung des Heils vor. Wer die Gebote hält, erlangt das ewige Leben, das Teilhabe am Leben Gottes selbst ist. Vollendet wird diese Teilhabe erst nach dem Tod, aber im Glauben ist sie schon gegenwärtig, sie ist Licht der Wahrheit und Sinnquelle für das Leben. Dank unserer Verbundenheit mit Jesus, dem wir nachfolgen wollen, beginnen wir schon jetzt an dieser Fülle teilzuhaben.

16.3 Erfüllung des Gesetzes

„Deine Gerechtigkeit bleibt ewig Gerechtigkeit, deine Weisung ist Wahrheit“ (Ps 119, 142).

Der junge Mann aus dem Evangelium kam zu Jesus, um ihn zu fragen, was er Gutes tun müsse, weil er erkannt hatte, dass Jesus selbst die Erfüllung des Gesetzes ist. Denn Jesus hat uns seinen Geist geschenkt, der uns mit ihm vereint, uns ihm ähnlich werden und nach seinem Willen handeln lässt.

- Das eine Gebot Jesu

> „Wer meine Gebote hat und sie hält,
> der ist es, der mich liebt;
> wer mich aber liebt,
> wird von meinem Vater geliebt werden,
> und auch ich werde ihn lieben
> und mich ihm offenbaren.“
>
> EVANGELIUM NACH JOHANNES 14, 21

In den Büchern des Alten Testamentes findet man zahlreiche Gebote und Vorschriften. Sie sagen, was in den Augen Gottes verbindlich ist und wie man seinem Willen gemäß leben soll.

Die Schriftgelehrten und frommen Männer Israels fragen: Gibt es ein Gebot, das wichtiger ist als alle anderen, das alle einschließt und auf dem alle beruhen? Kann man auf einfache Weise sagen, wie der Mensch sein muss und was er tun muss, um das Leben bei Gott, das ewige Leben zu erlangen? Die jüdischen Gesetzeslehrer suchen in den heiligen Büchern und finden solche Richtlinien. Die Frage ist für die ganze Welt von Bedeutung. So ist es auch nicht verwunderlich, dass die jüdischen Schriftgelehrten wissen wollen, was Jesus, der Meister aus Nazaret, darüber denkt. Jesus antwortet, indem er zwei Sätze aus dem Alten Testament zu einem einzigen Gebot zusammenfasst.

Jesus sagt:

„Du sollst den Herrn, deinen Gott, lieben mit ganzem Herzen, mit ganzer Seele und mit all deinen Gedanken. Das ist das wichtigste und erste Gebot. Ebenso wichtig ist das zweite: Du sollst deinen Nächsten lieben wie dich selbst."

EVANGELIUM NACH MATTHÄUS 22, 37-39

Das Gebot, das Jesus als die Grundlage aller anderen Gebote bezeichnet, ist ein Lebensprogramm. Er sagt: Wer liebt, hat keine Furcht mehr vor dem allmächtigen, strafenden Gott. Er kann ihm vertrauen und ihm selbst dann treu bleiben, wenn er heimgesucht wird wie Ijob und Gottes Pläne nicht begreift. Er kann auf seine Liebe zählen, selbst wenn er auf Abwege geraten ist wie der verlorene Sohn. Ein Mensch, der Gott liebt mit ganzem Herzen, mit ganzer Seele und mit allen seinen Gedanken, gewinnt das Leben. Wer sich, gestützt auf diese Liebe, zum Dienst an den anderen gegen den Hass und die Lüge, gegen die Angst und die Verzweiflung verpflichtet, wer sich für die Liebe einsetzt, der ist imstande, Gott und den anderen zu dienen. Er akzeptiert seine tatsächliche Stellung als Mensch und seine menschlichen Beziehungen. Es handelt sich um eine Liebe, die alles einschließt: Gott, den Nächsten und sich selbst.

Gott hat uns zuerst geliebt:

Wenn wir sündigen, lässt du uns nicht fallen.
Wenn wir zusammenbrechen, richtest du uns wieder auf.
Wenn wir uns bekehren, kommst du uns entgegen.
Wenn wir zweifeln, sprichst du uns an.
Wenn die Schuld uns niederdrückt, nimmst du uns in deine Arme.
Wenn wir glauben, erlässt du uns das Gericht.
Wenn wir sterben, rufst du uns ins Leben.
Darum können wir einander lieben.

Eine Liebe, die alles einschließt:
Gott, den Nächsten und sich selbst

- Die Zehn Gebote

Als Gott sein Volk aus der Knechtschaft in Ägypten befreite, um es zur Freiheit in das Gelobte Land zu führen, hat er ihm einen Bund angeboten, von dem die weitere Zukunft des Volkes abhing:

> „Ihr habt gesehen, was ich den Ägyptern angetan habe, wie ich euch auf Adlerflügeln getragen und hierher zu mir gebracht habe. Jetzt aber, wenn ihr auf meine Stimme hört und meinen Bund haltet, werdet ihr unter allen Völkern mein besonderes Eigentum sein. Mir gehört die ganze Erde, ihr aber sollt mir als ein Reich von Priestern und als ein heiliges Volk gehören."
>
> EXODUS 19, 4-6

Israels Gedenken an den von Gott mit seinem Volk in der Wüste, auf dem Berg Sinai, geschlossenen Bund ist eine heilige Tradition. Die Bedingungen dieses Bundes - die Zehn Gebote - sind auf Steintafeln aufgeschriebenen und in der Bundeslade aufbewahrt. Sie sind für alle Zeiten verpflichtend. Das Volk Israel begriff sehr gut, dass die Gebote, die Gott den Seinen gab, auf die Liebe gegründet sind. Er will, dass die Menschen ihm ähnlich werden - ihm, der die Liebe selbst ist.

> „Dieses Gebot, auf das ich dich heute verpflichte, geht nicht über deine Kraft und ist nicht fern von dir. Es ist nicht im Himmel, so dass du sagen müsstest: Wer steigt für uns in den Himmel hinauf, holt es herunter und verkündet es uns, damit wir es halten können? Es ist auch nicht jenseits des Meeres, so dass du sagen müsstest: Wer fährt für uns über das Meer, holt es herüber und verkündet es uns, damit wir es halten können? Nein, das Wort ist ganz nah bei dir, es ist in deinem Mund und in deinem Herzen, du kannst es halten."
>
> DEUTERONOMIUM 30, 11-14

• Das erste Gebot: „Du sollst keine anderen Götter neben mir haben."

„Du sollst den Herrn, deinen Gott, lieben mit ganzem Herzen, mit ganzer Seele und mit ganzer Kraft" (Dtn 6, 5).
Das erste Gebot verlangt vom Menschen, dass er an Gott glaubt, auf ihn hofft und ihn über alles liebt. Es verlangt auch, dass Gott als der eine und wahre Gott anerkannt und ihm jener Dienst der Anbetung und Verehrung erwiesen wird, den er erwartet. Die Verpflichtung zu einer authentischen Gottesverehrung betrifft den Menschen in seiner persönlichen und sozialen Dimension. Der Mensch soll „die Religion privat und öffentlich in Freiheit bekennen können" (II. Vatikanisches Konzil, *Dignitatis humanae* Nr. 15).

Das erste Gebot verbietet Atheismus, Götzendienst, Aberglaube, Wahrsagerei, Magie, Agnostizismus, Häresie (Irrlehre) sowie eine gegenüber der Kenntnis der Glaubenswahrheiten gleichgültige oder ablehnende Haltung.

• Das zweite Gebot: „Du sollst den Namen des Herrn, deines Gottes, nicht verunehren."

„Herr, unser Herrscher, wie gewaltig ist dein Name auf der ganzen Erde" (Ps 8, 2).
Das zweite Gebot schreibt vor, den Namen des Herrn zu achten. Der Name des Herrn ist heilig. Es verlangt ebenso die Erfüllung der Gelübde und der Versprechen, zu denen man sich verpflichtet hat.

Das zweite Gebot verbietet, den Namen Gottes ungeziemend zu verwenden, zu fluchen, Meineide zu schwören. Der Fluch besteht im beleidigenden Gebrauch des Namens Gottes, Jesu Christi, der Jungfrau Maria und der Heiligen.

• Das dritte Gebot: „Du sollst den Tag des Herrn heiligen."

„Achte auf den Sabbat: Halte ihn heilig!" (Dtn 5, 12) *„Der siebte Tag ist Sabbat, Ruhetag, heilig für den Herrn"* (Ex 31, 15).
Da sich die Auferstehung Christi am achten Tag ereignete, der mit Recht Tag des Herrn oder Sonntag genannt wird, feiert die Kirche diesen Tag als einen Tag der Gnade und Heiligkeit.

Das dritte Gebot verlangt, an den Feiertagen Gott durch einen äußeren Kult zu ehren. Für die Christen ist die Sonntagsmesse der erste und wichtigste Kult. Eines der ***Gebote der Kirche*** schreibt den Gläubigen die Teilnahme an der Eucharistiefeier am Sonntag und an den großen Festen vor.

Das dritte Gebot verbietet, an Sonntagen und den anderen Feiertagen zu arbeiten, sofern nicht eine berechtigte Notwendigkeit dafür besteht. Es verbietet auch jede Tätigkeit, die die schuldige Gottesverehrung verhindern würde. Die Institution des Sonntags trägt dazu bei, dass alle „über ausreichende Ruhezeiten und Muße verfügen für das Leben mit ihren Familien, für ihr kulturelles, gesellschaftliches und religiöses Leben“ (II. Vatikanisches Konzil, *Gaudium et spes* Nr. 67).

- **Das vierte Gebot: „Du sollst Vater und Mutter ehren.“**

„Ehre deinen Vater und deine Mutter“ (Dtn 5, 16; Mk 7, 10).
Mit dem vierten Gebot hat Gott gewollt, dass wir nach ihm auch unsere Eltern und alle ehren, die zu unserem Wohl mit einer Autorität ausgestattet sind.

Das vierte Gebot verbietet, dass wir unsere Eltern und alle, die Autorität über uns haben, beleidigen oder ihnen gegenüber ungehorsam sind. Die Eltern sind die Erstverantwortlichen für die Erziehung ihrer Kinder zum Glauben, zum Gebet und zu allen Tugenden. Sie müssen diese Erziehung verantwortungsvoll wahrnehmen und fördern. Sie haben die Pflicht, entsprechend ihren Möglichkeiten für die leiblichen und geistigen Bedürfnisse ihrer Kinder zu sorgen. Sie sollen es sich selbst in Erinnerung bringen und ihre Kinder lehren, dass die erste Berufung des Christen ist, Jesus nachzufolgen.

- **Das fünfte Gebot: „Du sollst nicht töten.“**

„In Gottes Hand ruht die Seele allen Lebens und jeden Menschenleibes Geist“ (Ijob 12, 10).
Jedes menschliche Leben ist vom Augenblick der Empfängnis an bis zum Tod heilig, weil die menschliche Person um ihrer selbst willen gewollt und nach dem Bild des lebendigen und heiligen Gottes - ihm ähnlich - geschaffen ist.

Das fünfte Gebot verlangt, dass wir die ganze Welt, selbst die Feinde, lieben und das leibliche und geistige Übel, das wir dem Nächsten angetan haben, wieder gutmachen.

Das fünfte Gebot verbietet den Mord, den Selbstmord, willentliche körperliche und seelische Verletzungen, Schläge, Schmähungen, Verfluchungen, Haltungen, die andere zum Bösen verleiten. Das fünfte Gebot verbietet die Abtreibung, ein Vergehen, das die Kirche mit der Exkommunikation bestraft. Willentliche Euthanasie, gleich in welcher Form und aus welchen Beweggründen, ist Mord.

- **Das sechste Gebot: „Du sollst nicht die Ehe brechen."**

„Die Liebe ist die grundlegende und naturgemäße Berufung jedes Menschen" (Johannes Paul II., *Familiaris consortio* Nr. 11).
Als Gott Mann und Frau schuf, gab er beiden die gleiche personale Würde. Jeder Mensch, Mann und Frau, muss seine geschlechtliche Identität wahrnehmen und annehmen.

Das sechste Gebot verlangt, sich bis in den eigenen Körper hinein heilig zu verhalten, indem wir uns selbst und den anderen größte Achtung entgegenbringen, denn wir sind Gottes Werk und Tempel des Heiligen Geistes. Der von den Ehegatten in Freiheit geschlossene Bund setzt die treue eheliche Liebe voraus und verpflichtet die Eheleute, ihre Ehe unauflöslich zu bewahren.

Das sechste Gebot verbietet jede Form der Unkeuschheit in Handlungen, Gedanken und Blicken. Es verwirft unsittliche Bücher, Bilder und Bühnenstücke. Zu den schweren Verstößen gegen die Keuschheit gehören Masturbation, Prostitution, Pornographie, homosexuelle Handlungen und die körperliche Vereinigung zwischen einem Mann und einer Frau, die nicht miteinander verheiratet sind.

- **Das siebte Gebot: „Du sollst nicht stehlen."**

„Du sollst nicht stehlen" (Dtn 5, 19). *„Weder Diebe, noch Habgierige ... noch Räuber werden das Reich Gottes erben"* (1 Kor 6, 10).
Das siebte Gebot schreibt Gerechtigkeit und Liebe in der Verwaltung der irdischen Güter und der Früchte der menschlichen Arbeit vor.

Das siebte Gebot verbietet den Diebstahl, der darin besteht, dass man sich das Gut anderer gegen den vernünftigen Willen des Besitzers aneignet. Sich fremde Güter, in welcher Form auch immer, unrechtmäßig anzueignen und zu gebrauchen, ist ein Verstoß gegen das siebte Gebot. Das siebte Gebot verlangt, die anderen entwendeten Sachen zurückzuerstatten, angerichtete Schäden wieder gutzumachen, Schulden zurückzuzahlen und die Arbeiter gerecht zu entlohnen.

- **Das achte Gebot: „Du sollst kein falsches Zeugnis geben."**

  „Du sollst nicht falsch gegen deinen Nächsten aussagen" (Ex 20, 16). *Die Jünger Christi haben „den neuen Menschen" angezogen, „der nach dem Bild Gottes geschaffen ist in wahrer Gerechtigkeit und Heiligkeit"* (Eph 4, 24). Die Tugend der Wahrheit oder Wahrhaftigkeit besteht darin, dass man sich in seinen Handlungen als wahr erweist, in seinen Worten die Wahrheit sagt und sich vor Doppelzüngigkeit, Verstellung, Vortäuschung und Heuchelei hütet. Das achte Gebot verlangt, dass man immer und überall die Wahrheit sagt und die Handlungen anderer positiv darstellt.

  Das achte Gebot verbietet jede Lüge, jede üble Nachrede oder Verleumdung in Haltung oder Worten. Die Lüge besteht darin, die Unwahrheit zu sagen in der Absicht, seinen Nächsten zu täuschen. Ein Vergehen gegen die Wahrheit verlangt Wiedergutmachung.

- **Das neunte Gebot: „Du sollst nicht begehren deines Nächsten Frau."**

  „Wer eine Frau auch nur lüstern ansieht, hat in seinem Herzen schon Ehebruch mit ihr begangen" (Mt 5, 28).
  Das neunte Gebot verlangt die vollkommene Reinheit der Seele. Das neunte Gebot warnt vor der hemmungslosen oder lüsternen Begierde des Fleisches und untersagt unreine Gedanken und Neigungen. Zur Läuterung des Herzens braucht es Gebet, Keuschheit, Reinheit der Absicht und des Blickes. Reinheit des Herzens verlangt Schamhaftigkeit, die in Geduld, Bescheidenheit und Feingefühl besteht. Das Schamgefühl schützt die Intimsphäre der Person.

- **Das zehnte Gebot: „Du sollst nicht begehren deines Nächsten Gut."**

  „Wo dein Schatz ist, da ist auch dein Herz" (Mt 6, 21).
  Das zehnte Gebot verlangt, dass wir bei dem Streben nach Verbesserung unserer eigenen Situation gerechte und bescheidene Zurückhaltung üben und die aus unserer Not erwachsenden Schwierigkeiten mit Geduld ertragen. Die Loslösung vom Reichtum ist für den Eintritt in das Himmelreich unerlässlich.

  Das zehnte Gebot verbietet die zügellose Habsucht, die das unmäßige Verlangen nach Reichtum und der damit verbundenen Macht erzeugt. Der Neid besteht in der Traurigkeit, die man angesichts der Güter eines anderen empfindet, und in dem unwiderstehlichen Verlangen, sie sich anzueignen. Das ist ein Hauptlaster. Der Getaufte bekämpft den Neid durch Wohlwollen, Demut und Hingabe an die Vorsehung Gottes (vgl. KKK 2552-2554).

Die Gebote Gottes sind für alle Menschen in gleicher Weise verbindlich. Sie verbinden uns mit Gott, schützen das Recht des einzelnen und sichern den Frieden in der Gemeinschaft. Jeder Mensch kann und soll sich nach ihnen richten. Denn die Gebote Gottes sind kein Katalog von Vorschriften und Gesetzen, die dem Menschen von außen auferlegt wurden. Sie entsprechen dem Menschen, sie sind auf seine Natur bezogen. Sie respektieren seine Würde.

„Was Gott gebietet, ermöglicht er durch seine Gnade."

KATECHISMUS DER KATHOLISCHEN KIRCHE 2082

Der heilige Paulus schreibt an die Christen in Rom:

„Bleibt niemandem etwas schuldig; nur die Liebe schuldet ihr einander immer. Wer den anderen liebt, hat das Gesetz erfüllt. Denn die Gebote: Du sollst nicht die Ehe brechen, du sollst nicht töten, du sollst nicht stehlen, du sollst nicht begehren!, und alle anderen Gebote sind in dem einen Satz zusammengefasst: Du sollst deinen Nächsten lieben wie dich selbst. Die Liebe tut dem Nächsten nichts Böses. Also ist die Liebe die Erfüllung des Gesetzes."

BRIEF AN DIE RÖMER 13, 8-10

Die fünf Gebote der Kirche: Durch fünf Vorschriften will die Kirche dem Christen helfen, ein wahrhaftiges Leben in der Gemeinschaft zu führen (vgl. KKK 2041-2043):

1) „Am Sonntag und an den anderen gebotenen Feiertagen sind die Gläubigen zur Teilnahme an der Messfeier verpflichtet und haben sich solcher Tätigkeiten zu enthalten, die mit der Heiligung des Sonntags unvereinbar sind."
   Das erste Gebot verlangt von den Gläubigen, an der Eucharistie, der zentralen Gottesverehrung der Kirche, zu der sich die christliche Gemeinschaft am Gedenktag der Auferstehung des Herrn versammelt, andächtig teilzunehmen. Er soll ein Tag der Ruhe sein, der Betonung des Gemeinschaftlichen und der Solidarität.

2) „Jeder Gläubige ist verpflichtet, seine Sünden jährlich wenigstens einmal zu beichten."

3) „Jeder Gläubige ist verpflichtet, jährlich wenigstens zur österlichen Zeit die heilige Kommunion zu empfangen."
   Jeder soll regelmäßig, wenigstens einmal im Jahr zur Osterzeit, beichten und die heilige Kommunion empfangen. Im Bußsakrament gewährt Jesus Vergebung und die Gnade für einen Neuanfang. In der Kommunion bringt er sich selbst den Seinen dar. Kein Christ darf diese Gaben zurückweisen. Nur wer im Zustand der schweren Sünde lebt, ist vom Empfang der eucharistischen Kommunion ausgeschlossen.

4) „An den von der Kirche gebotenen Bußtagen sind die Gläubigen zur Abstinenz von Fleischspeisen und zum Einhalten des Fastens verpflichtet."

Am Freitag soll jeder ein Opfer bringen: An dem Tag, an dem Jesus gestorben ist, soll man sich mit ihm vereinen und diese Vereinigung sichtbar und spürbar machen, entweder durch den Verzicht auf Fleischspeisen und andere anspruchsvolle Gerichte oder durch brüderliche Hilfe für seinen Nächsten.

5) „Die Gläubigen sind verpflichtet, für die Erfordernisse der Kirche Beiträge zu leisten." Sie sollen sich tatkräftig für die Weltkirche, für die Diözese und für die Pfarrei einsetzen: Hier wird ein positiver Geist erbeten, der Kritik vermeidet und großzügig Hilfe leistet, wo diese vonnöten ist. Aber: auch sich helfen lassen, wenn es nötig ist.

16.4 „Folge mir nach!"

Der junge Mann aus dem Evangelium hat die Antwort Jesu vernommen: Um das ewige Leben zu gewinnen, muss man die Gebote befolgen. Diesem sittlichen Ideal ist er „von Jugend an" mit Ernsthaftigkeit und Großmut gefolgt (vgl. Mk 10, 20). Und dennoch ahnt er, dass er vom Ziel noch weit entfernt ist; vor der Person Jesu wird er gewahr, dass ihm noch etwas fehlt. Der junge Mann ist sich klar darüber, dass er die Vollkommenheit, zu der er berufen ist, nicht erreichen kann, wenn er in seinem Leben bei einer rein legalistischen Auslegung der Gebote stehen bleibt. Daraufhin lädt Jesus den jungen Mann ein, den Weg der Vollkommenheit einzuschlagen:

> „Wenn du vollkommen sein willst, geh, verkauf deinen Besitz und gib das Geld den Armen; so wirst du einen bleibenden Schatz im Himmel haben; dann komm und folge mir nach."
>
> EVANGELIUM NACH MATTHÄUS 19, 21

Nachfolge Jesu ist die praktische Umsetzung seiner Bergpredigt (Mt 5-7). Diese Predigt stellt den Bezug zu den Geboten her (Mt 5, 20-48), sie beginnt aber mit der Verkündigung der Seligpreisungen. Jesus zeigt darin die Öffnung und Ausrichtung der Gebote auf die Vollkommenheit hin, die zu den Seligpreisungen gehört. Diese sind Verheißungen, aber auch Anweisungen für alle, die wirklich ein sittliches Leben führen wollen. „Sie sind so etwas wie ein Selbstbildnis Christi und eben deshalb Einladungen zu seiner Nachfolge und zur Lebensgemeinschaft mit ihm" (Johannes Paul II., *Veritatis splendor* 16).

- Liebe .... wie dich selbst

Viele sagen: Die Christen erkennt man daran, dass sie ihren Nächsten lieben. Das ist der Maßstab Jesu, denn er sagt: „Liebe deinen Nächsten" - fügt aber hinzu: „...

wie dich selbst.“ Man könnte auch sagen: Die Christen weisen sich dadurch aus, dass sie sich den anderen gegenüber so verhalten, als ginge es um sie selber. Sie begnügen sich nicht damit, einem Armen ein Almosen zu geben, um sich danach - in dem Bewusstsein, eine „gute Tat“ vollbracht und somit „das Gebot befolgt“ zu haben - von ihm abzuwenden. Der Nächste hat in ihren Augen den gleichen Wert wie sie selbst.

Man spricht öfter und mehr von der Nächstenliebe als von der Eigenliebe, obwohl letztere nach Jesus die Voraussetzung und das Maß der Nächstenliebe ist. Sich selbst lieben bedeutet zunächst: anerkennen, dass man liebenswürdig, das heißt würdig ist, geliebt zu werden - mit allen Qualitäten und Fehlern, mit allen Erfolgen und Misserfolgen, als Mädchen oder Junge unter vielen anderen. Jeder kann wirklich sagen: Gott will mich mit allem, was meine Originalität und Einmaligkeit ausmacht. Weil Gott mich so liebt, wie ich bin, kann ich, ohne neidisch zu sein, mit den anderen leben und Gott dankbar sein.

Ich kann mich annehmen, meine Talente und Fähigkeiten entdecken, versuchen, meine Schwächen zu meistern, während ich mich auf die Gnade Gottes verlasse. Ich kann mich darüber freuen, dass mich die anderen loben, aber ich kann mit entsprechender Einsicht auch mit Missbilligung und Tadel umgehen: kurz, ich kann eine demütige Eigenliebe haben, die auf dem wohlwollenden Blick beruht, den Gott auf mich wirft; eine Eigenliebe, die sich auf das Vertrauen stützt, das Gott mir nicht entzieht.

Einer der Weisheitslehrer Israels ermahnt seine Zeitgenossen:

> „Wer gegen sich selbst geizt, sammelt für einen anderen;
> in seinen Gütern wird ein Fremder schwelgen.
> Wer sich selbst nichts gönnt,
> wem kann der Gutes tun?
> Er wird seinem eigenen Glück nicht begegnen.
> Keiner ist schlimmer daran als einer, der sich selbst nichts gönnt.“
>
> JESUS SIRACH 14, 4-6

Wer sich selbst gefunden hat, kann sich seinem Nächsten öffnen, er braucht nicht zu fürchten, dass der andere das ausnützt. Wer weiß, dass man ihn anerkennt und ihm beisteht, kann auch die anderen als seine Nächsten anerkennen und ihnen beistehen.

> „Herr, du hast mich erforschst, und du kennst mich.
> Ob ich sitze oder stehe, du weißt von mir.
> Von fern erkennst du meine Gedanken.
> Ob ich gehe oder ruhe, es ist dir bekannt."
>
> PSALM 139, 1-3

- Tun, was der Nächste braucht

Der Evangelist Lukas berichtet von einem Gespräch zwischen Jesus und einem jüdischen Gesetzeslehrer, der wissen will, wie man seinen Nächsten lieben solle. Er fragt Jesus: „Und wer ist mein Nächster?" Darauf erzählt Jesus die Geschichte vom barmherzigen Samariter (vgl. Lk 10, 30-37).
Ein Mann geht von Jerusalem hinunter nach Jericho und fällt unter die Räuber, die, nachdem sie ihn ausgeplündert und niedergeschlagen haben, weggehen und ihn halbtot liegen lassen. Ein Priester - ein Mann, der die Gebote Gottes kennt - kommt diesen Weg herab; er sieht ihn und geht weiter. Ebenso kommt ein Levit - auch er ein Mann, der von Berufs wegen die Gebote Gottes kennt - an der Stelle vorbei, sieht ihn und geht weiter. Schließlich kommt ein Mann aus Samaria - einer aus dem Volk der Samaritaner, mit denen die frommen Juden nichts zu tun haben wollten, weil sie der Ansicht waren, dass diese Gott nicht auf geziemende Weise verehrten. Er sieht den Verwundeten und empfindet Mitleid. Er geht zu ihm hin, verbindet ihm die Wunden, hebt ihn auf sein Reittier, bringt ihn zu einer Herberge und zahlt, damit man ihn versorge.
Am Ende fragt Jesus seinen Gesprächspartner: „Wer von diesen dreien hat sich deiner Meinung nach als der Nächste dessen erwiesen, der von den Räubern überfallen worden war?"
Der Gesetzeslehrer begreift und wird verlegen. Denn das, was Jesus so offensichtlich voraussetzt, geht wohl weit über das hinaus, was er bis dahin glaubte. Er begreift: Ich kann und muss der Nächste jedes Menschen werden, nicht nur der Nächste desjenigen, den ich schätze, der mein Verwandter oder mein Freund ist, sondern auch eines Fremden. Ja, ich kann sogar der Nächste eines Menschen sein, der nicht meinen Glauben teilt. Jesus sagt an anderer Stelle: „Ihr habt gehört, dass gesagt worden ist: Du sollst deinen Nächsten lieben und deinen Feind hassen. Ich aber sage euch: Liebt eure Feinde und betet für die, die euch verfolgen, damit ihr Söhne eures himmlischen Vaters seid" (Mt 5, 43-45). Alle, denen ich unterwegs begegne, können meine Nächsten sein. Ich muss zum Nächsten aller jener werden, die mich brauchen. Die Bedürftigkeit des Nächsten sagt mir, wie ich handeln soll. Und für den Fall, dass einer fragt: „Wie weit muss meine Hilfe gehen?", gibt es eine einfache Regel; sie ist auf den zugeschnitten, der Hilfe leistet. Das Gebot Jesu befolgt derjenige, der seinem in Not geratenen Nächsten so beisteht, wie er sich wünschte, dass ihm selbst in einer ähnlichen Situation geholfen würde.

Tun, was der Nächste braucht

Du sollst den anderen nicht täuschen,
du sollst ihn nicht anlügen,
ihn nicht schikanieren,
ihn nicht verurteilen,
ihm nicht neidisch sein,
ihn nicht ignorieren ...
du sollst ihn ganz einfach lieben.

Du sollst den anderen beachten,
ihn anerkennen,
ihn annehmen,
dich von ihm begleiten lassen,
ihn respektieren ...
ihn ganz einfach lieben.

„Liebe deinen Nächsten", sagt Jesus. Diese Liebe bedeutet nicht nur materielle Hilfe; sie bedeutet auch, dass man zu jemandem, der ohne Hoffnung und ohne jedes Selbstvertrauen ist, der sich selbst nicht mehr liebt und am Ende seiner Kräfte ist, sagt: Ich bin überzeugt, dass Gott dich liebt. Und weil du in den Augen Gottes würdig bist, geliebt zu werden, hast du allen Grund, dich selber zu lieben.

Im Buch Tobit (4, 15) finden wir folgenden Satz, den wir die „Goldene Regel" nennen: „Was dir selbst verhasst ist, das mute auch einem anderen nicht zu!" Diese Regel formuliert der heilige Matthäus in der Bergpredigt auf positive Weise: „Alles, was ihr ... von anderen erwartet, das tut auch ihnen!" (Mt 7, 12) An anderer Stelle erklärt Jesus, dass wir hinter dem Angesicht eines jeden unserer Brüder sein Antlitz wiederfinden; wir müssen in ihnen also gleichsam Jesus selbst sehen und sie mit der Liebe lieben, die Jesus für uns hat: „Was ihr für einen meiner geringsten Brüder getan habt, das habt ihr mir getan" (Mt 25, 40); oder: „Das ist mein Gebot: Liebt einander, so wie ich euch geliebt habe" (Joh 15, 12).

„Wir wollen lieben, weil er uns zuerst geliebt hat. Wenn jemand sagt: Ich liebe Gott, aber seinen Bruder hasst, ist er ein Lügner. Denn wer seinen Bruder nicht liebt, den er sieht, kann Gott nicht lieben, den er nicht sieht. Und dieses Gebot haben wir von ihm: Wer Gott liebt, soll auch seinen Bruder lieben."

ERSTER BRIEF DES HEILIGEN JOHANNES 4, 19-21

16.5 Ein Weg wachsender Entfaltung

Wenngleich das Liebesgebot die anderen Gebote zusammenfasst und uns ermöglicht, unser ganzes Leben auf die Nachfolge Christi auszurichten, können wir es nicht allein mit unseren menschlichen Kräften verwirklichen. Dieser Weg ist ohne die Gnade Gottes unmöglich.

Der Christ entdeckt diese Kraft der Gnade, die ihn mit der Zeit innerlich umformt und ihm tatsächlich die Erfüllung seiner Berufung in Christus ermöglicht, unter der Wirkung des Heiligen Geistes. Die „Tugenden" gewährleisten diese Möglichkeit der wachsenden Entfaltung.

- Die Tugenden

Wer lange ein Musikinstrument spielen gelernt hat, hatte wahrscheinlich am Anfang einige Mühe damit und musste sich ziemlich anstrengen. Aber die Mühe hat sich gelohnt. Jetzt kann er mit Leichtigkeit richtig und schön spielen, zur eigenen Freude und zur Unterhaltung anderer. Dieses Beispiel lässt uns ein wenig verstehen, was eine Tugend ist:

„Die Tugend ist eine beständige, feste Neigung, das Gute zu tun. Sie ermöglicht dem Menschen, nicht nur gute Taten zu vollbringen, sondern sein Bestes zu leisten. Mit all seinen sinnlichen und geistigen Kräften strebt der tugendhafte Mensch nach dem Guten. Er sucht es zu erreichen und entscheidet sich bei seinen konkreten Handlungen dafür" (KKK 1803).

Wer sich darin übt, für das Gute zu wirken, tut sich damit zunehmend leichter. Die Tugenden schlagen Wurzeln in ihm und entfalten sich. Mit natürlicher Ungezwungenheit ist er gerecht, wahrhaft, lauter, liebenswert ...

> „Was immer wahrhaft, edel, recht, was lauter, liebenswert, ansprechend ist, was Tugend heißt und lobenswert ist, darauf seid bedacht!"
>
> BRIEF AN DIE PHILIPPER 4, 8

- Die Tugenden und die Gnade

Für den durch die Sünde verwundeten Menschen ist es nicht leicht, ein tugendhaftes Leben zu führen. Christus schenkt uns seine Gnade, damit wir beharrlich nach

Tugend streben. Diese Gnade des Lichtes und der Kraft wird uns zuteil, wenn wir beten und in den Sakramenten Hilfe suchen. Wir müssen den Heiligen Geist bitten, dass er uns stärkt und uns hilft, seinem Ruf zu folgen, das Gute zu lieben und uns vor dem Bösen zu hüten. Für ein tätiges Mitwirken mit dem Heiligen Geist auf unserem Weg zur christlichen Vollkommenheit helfen uns Einkehrtage, geistliche Übungen oder Exerzitien, geistliche Begleitung durch einen Priester und viele andere hervorragende Mittel, unsere Tugenden heranzubilden und zu festigen.

„Die menschlichen Tugenden, die man durch Erziehung, durch bewusste Taten und durch Ausdauer in Anstrengungen erlangt, werden durch die göttliche Gnade geläutert und erhoben. Mit der Hilfe Gottes schmieden sie den Charakter und geben Leichtigkeit im Tun des Guten. Der tugendhafte Mensch freut sich am guten Tun“ (KKK 1810).

- Die göttlichen Tugenden: Glaube, Hoffnung, Liebe

Der heilige Paulus erklärt, dass die Liebe „das Band der Vollkommenheit“ ist (Kol 3, 14), das heißt, die Liebe beseelt und inspiriert unsere gesamte Aktivität als Mensch und als Christ. Die Liebe erhebt unsere menschliche Liebeskraft zur göttlichen Liebe.

Aber die Liebe ist untrennbar verbunden mit dem Glauben und mit der Hoffnung; das sind die drei göttlichen Tugenden, die uns von Gott geschenkt sind, „um uns fähig zu machen, als seine Kinder zu handeln“ (KKK 1813). Sie befähigen uns, in Verbindung mit der heiligsten Dreifaltigkeit zu leben, und sind Grundlage unseres sittlichen Handelns als Christen, denn wer mit den göttlichen Tugenden lebt, sorgt dafür, dass der Heilige Geist in ihm gegenwärtig ist und wirkt.

Die göttlichen Tugenden sind übernatürliche Tugenden, die von Gott in unsere Seele eingegossen wurden:

> Durch den Glauben halten wir, gestützt auf die Autorität Gottes selbst, all das für wahr, was er uns geoffenbart hat und was er uns durch seine Kirche zu glauben vorlegt.
>
> Durch die Hoffnung ersehnen und erwarten wir das ewige Leben, das Gott seinen Dienern verheißen hat, und die Hilfe, die wir brauchen, um es zu gewinnen.
>
> Durch die Liebe lieben wir Gott um seiner selbst willen über alles und aus Liebe zu Gott unseren Nächsten wie uns selbst.

Gott lieben dürfen, wie er sich liebt,
und die anderen lieben, wie Gott sie liebt;

an Gott glauben dürfen,
ihn kennen lernen, wie er sich kennt,
wenn auch nur im schwachen Licht des Glaubens,
das heißt mit Abstrichen,
denn Gott bleibt Geheimnis;

hoffen dürfen auf eine vollkommene Gemeinschaft mit Gott,
der mir nach dem Tod gewähren wird, ihn zu schauen, wie er ist,
und ihm ähnlich zu sein.

- Die Gebote und die Liebe

Der heilige Paulus schreibt an die Römer, dass „die Liebe die Erfüllung des Gesetzes" ist (Röm 13, 10). In der Tat bringen die zehn Gebote des „Dekalogs" die Forderungen der Gottes- und der Nächstenliebe zum Ausdruck: „Die ersten drei Gebote beziehen sich vor allem auf die Liebe zu Gott, die sieben weiteren auf die Liebe zum Nächsten" (KKK 2067). Der Christ ist berufen, sich von der Liebe Gottes - der göttlichen Liebe - durchdringen und verwandeln zu lassen, um Gott freiwillig die Möglichkeit zu geben, durch ihn zu lieben und zu wirken. Der Christ verhält sich also nicht mehr „wie ein Sklave, in knechtischer Furcht, und auch nicht wie ein Tagelöhner, der entlohnt werden will, sondern wie ein Sohn, der auf die Liebe dessen antwortet, der uns zuerst geliebt hat" (KKK 1828). Wenn wir nach den Geboten leben können, verdanken wir das der „Liebe Gottes, die ausgegossen ist in unsere Herzen durch den Heiligen Geist, der uns gegeben ist" (Röm 5, 5).

Das hat die heilige Theresia vom Kinde Jesu in ihrem täglichen Leben erfahren: „O Herr! Ich weiß, dass du nichts Unmögliches gebietest; du kennst meine Schwäche, meine Unvollkommenheit besser als ich; du weißt, dass ich niemals meine Schwestern so lieben könnte, wie du sie liebst, wenn du selbst sie nicht auch in mir liebst. Darum wolltest du mir diese Gnade eines neuen Gebotes gewähren. - O! Ich soll es lieben, gibt es mir doch die Sicherheit, dass es dein Wunsch und Wille ist, in mir alle zu lieben, die du mir zu lieben gebietest! ... Ja, ich fühle es, wenn ich mildtätig bin, ist es allein Jesus, der in mir wirkt; je inniger ich mit ihm verbunden bin, um so mehr liebe ich auch alle meine Schwestern" (*Manuscrit autobiographique C*, fol. 12).

- Die Gaben des Heiligen Geistes

Zusammen mit den göttlichen Tugenden gehören die Gaben des Heiligen Geistes wesentlich zu der bei der Taufe empfangenen Gnade. Die sieben Gaben des Heiligen Geistes sind: Weisheit, Einsicht, Rat, Stärke, Erkenntnis, Frömmigkeit und Gottesfurcht. Das „sind bleibende Anlagen, die den Menschen geneigt machen, dem Antrieb des Heiligen Geistes zu folgen" (KKK 1830). Ihr Vorhandensein ist eine Quelle großen Vertrauens, denn wir wissen, dass uns Gott in ihnen das Mittel zum täglichen Empfang seiner Hilfe gewährt, damit wir lieben und handeln, wie er es wünscht. Dank dieser Gaben vervollkommnet der Geist unsere Tugenden und unser ganzes Wirken als Christen. Die Gaben sind an die Liebe gebunden; je mehr wir daher in der übernatürlichen Liebe wachsen, um so mehr kann der Heilige Geist die Gaben dazu verwenden, um uns zu lenken, wie es dem Willen Gottes für uns und, durch uns, für die anderen entspricht. Das macht den Rat des heiligen Johannes vom Kreuz verständlich: Von größter Wichtigkeit ist es, sich in der Liebe zu üben.

Die *Früchte* des Geistes müssen in der Person und im Leben der Christen sichtbar werden. Sie sind ebenso Zeugnisse für das, was der Heilige Geist in uns wirkt und uns in der ewigen Herrlichkeit bereitet. „Die Überlieferung der Kirche zählt deren zwölf auf: Liebe, Freude, Friede, Geduld, Freundlichkeit, Güte, Langmut, Sanftmut, Treue, Bescheidenheit, Enthaltsamkeit, Keuschheit" (KKK 1832).

> „Alle, die sich vom Geist Gottes leiten lassen, sind Söhne Gottes ... Sind wir aber Kinder, dann auch Erben; ... Erben Gottes und Miterben Christi."
>
> BRIEF AN DIE RÖMER 8, 14.17

- „Ich will Gott schauen"

Mit diesem Ausruf von Theresia von Avila schließt der *Katechismus der Katholischen Kirche* seinen Teil über die Sittlichkeit, das Leben im Geist, ab. Denn das Verlangen nach dem wahren Glück findet seine Erfüllung in der Schau und der Seligkeit Gottes. „Wer Gott schaut, hat alle Güter erlangt, die man sich nur denken kann" (KKK 2548). Diese Hoffnung befreit den Menschen von der maßlosen Anhänglichkeit an die Güter dieser Welt und ermutigt ihn, hochherzig dafür zu kämpfen, seine Begierden zu töten und die Verlockungen von Genuss und Macht zu besiegen. Mit Demut, Geduld und Ausdauer ist er, unterstützt vom Wirken des Heiligen Geistes in ihm, Schritt für Schritt auf dem Wege zur vollkommenen Gemeinschaft mit Gott und zum liebevollen Dienst an seinen Brüdern. Wenn sein einziges Gesetz die dem Evangelium gemäße Liebe ist, wird er, zusammen mit allen, die sich dafür fest entschieden haben, am Jüngsten Tag Jesus, den König der Herrlichkeit, sprechen hören:

> Kommt her, Gesegnete meines Vaters, ... nehmt teil an der Freude des Reiches ... Dort, wo ich bin, habe ich euch einen Platz vorbereitet.
>
> VGL. MT 25, 34; JOH 14, 3

VIERTER TEIL

DAS GEBET IM CHRISTLICHEN LEBEN

DIE CHRISTEN BETEN

17. Das Gebet: Begegnung mit Gott

17.1 Das Gebet im Alten Testament

Überall in der Bibel stoßen wir auf den ständigen Dialog Gottes mit dem Menschen. Gott ergreift die Initiative: „Wo bist du?", fragt er Adam, der sich nach begangener Schuld versteckt (Gen 3, 9). Gott beruft Abraham, erteilt ihm seinen Auftrag und segnet ihn (vgl. Gen 12, 1-3). Abraham nimmt den Anruf Gottes an, er entdeckt und lernt das Undurchsichtige am göttlichen Geheimnis und Plan kennen. Ungeachtet der Glaubensprüfung verlässt er sich auf die Treue Gottes.

Genauso ist es bei Mose, David, Elija und allen Propheten. Sie gewinnen eine große Vertrautheit mit Gott, der sie angerufen hat und „Auge in Auge" mit ihnen redet (Ex 33, 11). Sie stehen vor dem Herrn; sie schauen ihn in seiner Größe und seiner Macht, die vor allem durch sein unerschöpfliches Erbarmen für sein Volk zum Ausdruck kommen. Dann beten sie unermüdlich für ihre Brüder und teilen ihnen mit, was sie beim Herrn gesehen und gehört haben.

- „Im Alleinsein mit Gott empfangen die Propheten Licht und Kraft für ihre Sendung. Ihr Gebet ist nicht eine Flucht aus der ungläubigen Welt, sondern ein Hören auf das Wort Gottes. Dieses Gebet ist manchmal eine Aussprache oder eine Klage, immer aber eine Fürbitte, die das Eingreifen des rettenden Gottes, des Herrn der Geschichte, erwartet und vorbereitet."

KATECHISMUS DER KATHOLISCHEN KIRCHE 2584

David und die großen Beter des Alten Bundes haben uns die Psalmen, von Gott inspirierte Texte, als Nahrung für das persönliche und gemeinschaftliche Gebet der Gläubigen hinterlassen. Die Erinnerung an die Wunder, die Gott in der Vergangenheit vollbracht hat, belebt aufs Neue die Hoffnung auf die Erfüllung seiner Verheißungen. Man findet dort die menschlichsten Gefühle ausgedrückt: Freude und Verzweiflung, Danksagung und flehentliche Bitte, beschauliche Betrachtung und engagierten Einsatz, Vertrauen und Widerstand, Mitleid und Zorn; aber alles ist durchdrungen von Lob, selbst das Leiden und die Ungerechtigkeit werden dank der Hoffnung zu Segensmotiven. Die Psalmen wurden nach und nach in die jüdische Liturgie aufgenommen. Indem sich Jesus immer ihrer bediente, um seinen Vater zu loben und anzurufen, gab er ihnen eine neue Dimension. So empfängt die Kirche die Psalmen nicht nur vom Volk Israel, sondern vor allem von Jesus.

17.2 Das Gebet Jesu

> Das christliche Gebet „wird uns vollständig geoffenbart im Wort, das Fleisch geworden ist und das unter uns wohnt. Das Gebet Christi so zu verstehen, wie seine Zeugen es uns im Evangelium verkünden, bedeutet, sich Jesus, dem Herrn, als dem brennenden Dornbusch zu nähern: Zunächst betrachten wir, wie er betet, dann hören wir, wie er uns beten lehrt, und schließlich erkennen wir, wie er unser Gebet erhört".
>
> KATECHISMUS DER KATHOLISCHEN KIRCHE 2598

Jesus kennt die Gebete der jüdischen Gemeinde. Er lobt, dankt und betet inmitten der Versammlung der Gläubigen. Am Sabbat hält er sich mit seinen Jüngern zum Gottesdienst in der Synagoge auf. Bei den Mahlzeiten singt er mit ihnen die Psalmen Davids.

Er zieht sich auch häufig zurück, um lange zu beten, ganz allein. Eines Morgens, noch vor Tagesanbruch, finden ihn seine Jünger an einem einsamen Ort im Gebet (Mk 1, 35). Ein anderes Mal schickt er sie mit dem Boot an das andere Ufer des Sees, um allein zu bleiben und auf dem Berg zu beten (Mk 6, 46). Auf dem Berg der Verklärung (Mk 9, 2-10) und im Garten Getsemani (Mk 14, 32-42) ist er allein vor seinem Vater in einem Gebet, das seine kindliche Haltung offenbart: Er ist der innig geliebte Sohn. Hier zeigt sich das Neue, das uns Jesus lehrt: „Das *kindliche Gebet*, das der Vater von seinen Kindern erwartete, wird endlich vom einzigen Sohn in seiner Menschennatur mit den Menschen und für sie gelebt" (KKK 2599).

Das Evangelium präsentiert uns das Gebet Jesu als eine Danksagung an den Vater unter dem Wirken des Heiligen Geistes: „Ich preise dich, Vater, Herr des Himmels und der Erde, weil du all das den Weisen und Klugen verborgen, den Unmündigen aber offenbart hast" (Lk 10, 21). Ein anderes Mal ist es eine Bitte: „Simon ..., ich aber habe für dich gebetet, dass dein Glaube nicht erlischt" (Lk 22, 31-32) oder auch das Vertrauen in das Bittgebet: „Vater, ... ich wusste, dass du mich immer erhörst" (Joh 11, 41-42). Selbst in seinen letzten Worten bekräftigt Jesus seinem Vater gegenüber die Selbsthingabe im Gehorsam und Vertrauen: „Abba, Vater, ... aber nicht, was ich will, sondern was du willst (soll geschehen)" (Mk 14, 36) - „Vater, in deine Hände lege ich meinen Geist" (Lk 23, 46). Seine letzte Handlung ist ein „lauter Schrei", mit dem er den Geist aushaucht (vgl. Mk 15, 37; Joh 19, 30).

> „In diesem Schrei des menschgewordenen Wortes liegt alles Elend der Menschen aller Zeiten, von Sünde und Tod geknechtet, und jede Bitte und Fürbitte der Heilsgeschichte. Der Vater nimmt sie alle an und erhört sie in einer Weise, die über alle menschliche Hoffnung hinausgeht, durch die Auferweckung seines Sohnes."
>
> KATECHISMUS DER KATHOLISCHEN KIRCHE 2606

17.3 Das Gebetsleben

Wie kommt es, dass Jesus im Tun innehielt, um sich in das Gebet zu versenken? Weshalb soll das Gebet eine Lebensnotwendigkeit sein? Warum genügt es nicht, sich großherzig in den Pflichten für Familie und Beruf, in der Evangelisierung oder auch im Kampf für Gerechtigkeit und Frieden zu engagieren?

Das Leben lässt sich nicht auf Aktivität und Effektivität beschränken; Beschaulichkeit, Freundschaft, Entspannung und Feiern gehören auch dazu. Im Gebet stellt sich der Mensch bewusst in die Abhängigkeit von Gott und überlässt sich dem Feuer seiner Liebe. Er dankt für die erhaltenen Wohltaten und bereitet sich auf den Empfang der Gaben vor, um die er bittet. Der Christ kommt durch Jesus mit seinem ganzen Sein in eine tiefere kindliche Gemeinschaft mit Gott; dadurch bringt er die Grundhaltung des Glaubens, der Hoffnung und der Liebe zum Ausdruck. Dies geschieht auf verschiedene Weise: persönlich oder gemeinschaftlich, in freudiger oder sorgenvoller Verfassung.

> „Im Neuen Bund ist das Beten die lebendige Beziehung der Kinder Gottes zu ihrem unendlich guten Vater, zu seinem Sohn Jesus Christus und zum Heiligen Geist ... Es ist umfassend wie die Liebe Christi."
>
> KATECHISMUS DER KATHOLISCHEN KIRCHE 2565

Eine Beziehung ist lebendig, wenn sie regelmäßig und häufig praktiziert wird. Deshalb schenkt ein Kind Gottes jeden Tag seinem Vater Zeit und möchte sich gern möglichst oft - allein, in der Familie, mit der Gemeinde - in seiner Gegenwart befinden.

In der Abhängigkeit von Jesus, dem einzigen Mittler, können die Heiligen auch Mitwirkende und Adressaten unseres Gebetes sein. Da sie alles für Gott hingegeben haben und nur für ihn leben, kann eine echte Beziehung zu den Heiligen keine Wand zwischen Gott und uns errichten. Wir bilden zusammen die große Gemeinschaft der Heiligen, die Gott lobt und bei ihm vorspricht. Das Beispiel und die Schriften der Heiligen lehren uns beten. Wir können sie bitten und mit ihnen reden, denn sie helfen uns geschwisterlich und tragen unsere Freuden und unsere Trauer, unsere Bitten und unseren Dank vor Gott.

Mitten unter ihnen nimmt Maria, die Königin der Heiligen, ihre Rolle als Mutter der Kirche wahr. Wie in Kana vermag sie unsere Nöte aufzudecken, legt sie Jesus vor und lehrt uns zu tun, was er uns sagt (vgl. Joh 2, 1-11). Neben vielen anderen Mariengebeten liebt die Kirche das „Gegrüßet seist du, Maria", mit dem sie die Worte des Engels bei der Verkündigung wiederholt und sich ihrer mütterlichen Fürbitte anvertraut. Bei der täglichen Vesper singen zahlreiche Christen das *Magnificat*, den Lobgesang der Armen, die mit Maria durch das Kommen des Herrn Jesus mit Barmherzigkeit überhäuft werden.

Das II. Vatikanische Konzil sagt uns:

> „Alle Christgläubigen mögen inständig zur Mutter Gottes und Mutter der Menschen flehen, dass sie, die den Anfängen der Kirche mit ihren Gebeten zur Seite stand, auch jetzt, im Himmel über alle Seligen und Engel erhöht, in Gemeinschaft mit allen Heiligen bei ihrem Sohn Fürbitte einlege, bis alle Völkerfamilien, mögen sie den christlichen Ehrennamen tragen oder ihren Erlöser noch nicht kennen, in Friede und Eintracht glückselig zum einen Gottesvolk versammelt werden, zur Ehre der heiligsten und ungeteilten Dreifaltigkeit."
>
> II. VATIKANISCHES KONZIL, LUMEN GENTIUM 69

17.4 Gebetsformen

Das Gebet kennt mehrere Ausdrucksformen: In der *Anbetung* treten wir voll Demut vor den dreimal heiligen Gott und erkennen ihn als den König der Herrlichkeit, unseren Schöpfer, an. Im *Lobgebet* besingen wir Gott um seiner selbst willen in einer ganz uneigennützigen Weise, über das hinaus, was er für uns tut. Das *Bittgebet* bereitet uns auf den Empfang der Gaben vor, die Gott uns in seiner Barmherzigkeit gewähren will: Vergebung, Gnade, alles, was wir nötig haben. Das *Fürbittgebet* legt dem Herrn die Bedürfnisse der anderen, selbst unserer Feinde, vor. Es verbindet uns mit Jesus, „der allezeit lebt, um für sie einzutreten" (Hebr 7, 25). Das *Dankgebet* erfüllt unser ganzes Leben, denn es ist Anerkennung für alles, was wir von Gott empfangen: die besonderen Gaben, die er uns Tag für Tag gewährt, aber vor allem das Dasein, die Gesundheit, die väterliche Liebe, mit der er uns umgibt.

> „Gepriesen sei der Gott und Vater unseres Herrn Jesus Christus: Er hat uns mit allem Segen seines Geistes gesegnet durch unsere Gemeinschaft mit Christus im Himmel."
>
> BRIEF AN DIE EPHESER 1, 3

Die heilige Theresia vom Kinde Jesu sagte:

„Für mich ist das Gebet ein Erheben des Herzens, ein schlichter Blick zum Himmel, ein Ausruf der Dankbarkeit und Liebe inmitten der Prüfung und inmitten der Freude" (*Manuscrits autobiographique* C, fol. 25r).

Dieses Erheben des Herzens kann sich in verschiedenen Ausdrucksweisen verwirklichen:

Das *mündliche Gebet* ist ein Gebet des Herzens, das nach außen gerichtet ist und sich durch Worte, Gesten oder Riten zum Ausdruck bringt. Der Rosenkranz ist eines dieser mündlichen Gebete, das so viele Christen überall auf der Welt lieben. „Weil das mündliche Gebet nach außen gerichtet und so vollkommen menschlich ist, ist es in erster Linie ein Gebet des Volkes. Aber auch das innerliche Beten darf das mündliche Gebet nicht vernachlässigen. Das Gebet wird in dem Maß innerlich, in dem wir uns bewusst werden, zu wem wir sprechen" (KKK 2704).

Die *Meditation* besteht darin - meist vom Wort Gottes ausgehend -, über eine Glaubenswahrheit betend nachzudenken, um sie sich bewusst anzueignen und im praktischen Leben und Tun umzusetzen.

Die heilige Theresia von Avila gibt uns eine Definition des *inneren Gebetes*: Es ist „ein intimes Freundschaftsverhältnis mit dem, von dem wir wissen, dass er uns liebt und an den wir uns häufig wenden" (Vida, Kap. 8). Das innere Gebet „ist der einfache Ausdruck des Mysteriums des Betens. Es ist ein gläubiger Blick auf Jesus, ein Horchen auf das Wort Gottes und eine schweigsame Liebe" (KKK 2724).

Die großartigste Form des Gebetes ist die *eucharistische Liturgie*, „Quelle und Höhepunkt des ganzen christlichen Lebens" (*Lumen gentium* 11). Die Christen hören hier das Wort Gottes und durch den Priester vereinigen sie sich mit dem vollkommenen Opfer Jesu in der Danksagung an den Vater und für das Heil der Welt.

Komm, Schöpfer Geist,
kehr bei uns ein, besuch das Herz der Kinder dein:
die deine Macht erschaffen hat,
erfülle nun mit deiner Gnad.
Der du der Tröster wirst genannt,
vom höchsten Gott ein Gnadenpfand,
du Lebensbrunn, Licht, Lieb und Glut,
der Seele Salbung, höchstes Gut.
O Schatz, der siebenfältig ziert,
o Finger Gottes, der uns führt,
Geschenk, vom Vater zugesagt,
du, der die Zungen reden macht.
Zünd an in uns des Lichtes Schein,
gieß Liebe in die Herzen ein,
stärk unsres Leibs Gebrechlichkeit
mit deiner Kraft zu jeder Zeit.
Treib weit von uns des Feinds Gewalt,
in deinem Frieden uns erhalt,
dass wir, geführt von deinem Licht,
in Sünd und Elend fallen nicht.
Den Vater auf dem ewgen Thron
lehr uns erkennen und den Sohn;
dich, beider Geist, sei'n wir bereit
zu preisen gläubig alle Zeit.

18. Das Gebet des Herrn: Das „Vaterunser"

Eines Tages bittet einer der Jünger Jesus, als er ihn beten sieht: „Herr, lehre uns beten" (Lk 11, 1). Und Jesus lehrt ihn das Gebet aller Christen, das ***Vaterunser***.

Das Vaterunser steht im Lukasevangelium (11, 2-4) in einer Kurzfassung, im Matthäusevangelium (6, 9-13) in einer längeren Fassung. Dieser längere Text ist zum Gebet aller Christen geworden.

18.1 Vater unser im Himmel

Jesus, der Sohn Gottes, nimmt alle, die seine Brüder und Schwestern geworden sind, mit hinein in den vertrauten Umgang mit seinem Vater. Als Söhne und Töchter Gottes haben sie das Recht, ihn vertrauensvoll mit einem Namen zu benennen, der die Zugehörigkeit und Vertrautheit ausdrückt: „Abba, Vater" (Gal 4, 6; vgl. Mk 14, 36).

Wenn wir „Vater unser" sagen, stellen wir uns vor ihn mit „einem demütigen und vertrauenden Herzen, denn der Vater offenbart sich den Unmündigen" (KKK 2785).

Das Symbol des Himmels verweist auf das „Haus des Vaters", die „wahre Heimat, nach der wir streben und der wir jetzt schon angehören" (KKK 2802). Dieses Symbol ist für uns Ausdruck von Glück, Frieden, Leben in Fülle. Der hl. Augustinus sagt uns auch, dass „diese Worte ‚Vater unser im Himmel' vom Herz der Gerechten verstanden werden, in dem Gott wie in seinem Tempel wohnt" (KKK 2794).

Die Vaterschaft Gottes erstreckt sich auf die ganze Welt, besonders auch auf die Söhne und Töchter, die mit ihren irdischen Vätern und Müttern schlechte Erfahrungen machen: die nicht geliebt, sondern abgelehnt werden; deren Verhalten nicht gutgeheißen, sondern getadelt wird; die nicht ermuntert, sondern verurteilt werden; die nicht befreit, sondern schikaniert werden. Sie finden in Gott einen wahren Vater und in der Gemeinschaft der Gläubigen Brüder und Schwestern, die sie das erleben lassen, was ihnen verweigert wurde.

- Einen Vater im Himmel haben:
  Jemanden haben, auf den man sein ganzes Vertrauen setzen kann,
  auch dann, wenn die Väter versagen.
  Jemanden haben, den man fragen kann,
  auch dann, wenn die Mütter keine Antwort geben.
  Jemanden haben, der Brüder und Schwestern schenkt,
  jemanden haben, der uns liebt und den man lieben kann.

> „Wenn mich auch Vater und Mutter verlassen,
> der Herr nimmt mich auf."
>
> PSALM 27, 10

18.2 Geheiligt werde dein Name

Den Namen Gottes heiligen heißt, Gott durch Anerkennung seiner Heiligkeit ehren; anerkennen und verkünden, dass Jesus der Herr ist (vgl. Phil 2, 9-11), dessen Name der einzige ist, durch den wir gerettet werden können (Apg 4, 12).

- Den Namen Gottes heiligen bedeutet, dass wir ihm unser Lob singen, persönlich und in Gemeinschaft;

- dass wir die Heiligkeit Gottes in unserem Leben zum Ausdruck bringen und ihn in allen Realitäten der Welt gegenwärtig machen;

- dass wir alles Nötige tun, damit man merkt, dass uns der Name Gottes wichtiger ist als alle Namen von Mächtigen, die wir für „groß" halten;

- dass wir beten und uns dafür einsetzen, dass Gott als Erlöser aller Nationen anerkannt wird. Dass sie seinen „gnädigen Ratschluss" annehmen, der will, dass wir „in Liebe heilig und untadelig vor Gott leben" (Eph 1, 9.4; KKK 2807).

Den Namen Gottes heiligen bedeutet außerdem, die anderen, die nach dem Abbild und Gleichnis Gottes geschaffen sind, zu achten. Wir brauchen nicht aus Furcht davor, dass unser Name vergessen werde, den Namen der anderen, ob sie nah oder fern sind, herabzusetzen: „Fürchte dich nicht ..., ich habe dich bei deinem Namen gerufen, du gehörst mir“ (Jes 43, 1).

> „Wir danken dir, heiliger Vater,
> für deinen heiligen Namen,
> den du in unseren Herzen wohnen lässt,
> und für die Erkenntnis, den Glauben und die Unsterblichkeit,
> die du uns durch deinen Diener Jesus gewährt hast.
> Ehre sei dir in alle Ewigkeit!“
>
> DIDACHE 10, 2

18.3 Dein Reich komme

Im jüdischen Volk erwarten viele den Anbruch der Herrschaft Gottes, sein Reich. Sie glauben, dass Gott in der Person des Messias kommen werde, um zu erfüllen, was sie selber nicht tun können: die Feinde seines Volkes besiegen, von Jerusalem aus alle Völker beherrschen, ein mächtiger König auf dem Thron Davids sein.

Doch Jesus spricht ganz anders von Gottes Herrschaft und seinem Reich. Er erzählt bildhafte Geschichten, Gleichnisse. Er sagt: Das Himmelreich gleicht einem Samenkorn, das der Sämann auf guten Boden gesät hat (vgl. Mt 13, 3-9). Es gleicht auch einem kleinen Senfkorn, das zu einem Baum wird (vgl. Mt 13, 31-32); es gleicht dem Sauerteig, den eine Frau unter einen großen Trog Mehl mischte (Mt 13, 33); einem Schatz, der in einem Acker vergraben war (Mt 13, 44). Er will damit sagen, dass das Reich Gottes schon mitten unter uns ist: das Wort Gottes, das in unsere Herzen eindringt, das Leben Gottes, das im Stillen in uns wächst und uns verwandelt, um Frucht zu tragen.

Jesus sagt uns: „Die Zeit ist erfüllt, das Reich Gottes ist nahe. Kehrt um, und glaubt an das ***Evangelium***“ (Mk 1, 15).

Wenn wir beten: „Dein Reich komme“, bitten wir darum, dass der Geist „das Werk Christi auf Erden weiterführt und alle Heiligung vollendet“, damit

„Gerechtigkeit, Frieden und Freude im Heiligen Geist“ auf Erden Einzug halten (KKK 2818-2819).

Um das Kommen des Reiches Gottes zu bitten, bedeutet, dass wir die Rückkehr des Herrn in Herrlichkeit am Ende der Zeiten erwarten. Es ist der Ruf des Heiligen Geistes und der ganzen Kirche: „Komm, Herr Jesus!“, Marana tha! (Offb 22, 20; vgl. 1 Kor 16, 22). Jesus sagt uns: Lasst eure Berechnungen bleiben! Gott allein kennt den Tag und die Stunde. Was euch angeht, so seid wachsam, lebt im Glauben, in der Hoffnung und in der Liebe, um das Festbankett des Vaters nicht zu versäumen. Und betet: Dein Reich komme.

Evangelium oder **Frohe Botschaft:** Dieses griechische Wort meint die Ausrufung des Sieges nach einer Schlacht oder auch die Verkündigung der Geburt eines königlichen Kindes. In Bezug auf Jesus bedeutet dieses Wort die Glücksbotschaft, die er bringt, und die göttlichen Zeichen, die er erfüllt.

18.4 Dein Wille geschehe

Weil Gott Herr und König ist, weil sein Reich eine Wirklichkeit für alle Menschen ist, fragen wir: Was will Gott? Was will er von mir? In der Welt, in der wir leben, in unseren Gesellschaften, wird der Wille des Menschen ausgeübt: der Wille des Vaters und der Mutter, der Lehrer und der Vorgesetzten, der Regierenden, die Gesetze erlassen. Sie alle fragen nicht unbedingt, ob das, was sie entscheiden, dem Willen Gottes entspricht.

- Wenn sich unser Wille dem Willen Gottes widersetzt,
  wenn wir unseren Namen zur Geltung bringen wollen,
  wenn wir unser eigenes Reich errichten wollen,
  wenn wir unser Brot nicht teilen wollen,
  wenn wir nicht akzeptieren wollen, was wir sind,
  wenn wir in Streit miteinander leben,
  wenn wir Gott nicht vertrauen wollen
  - machen wir uns schuldig.

Wir schauen auf Maria, die „Fiat“ (Ja!) gesagt hat, als der Engel zu ihr kam. Und wir schauen auf Jesus, der von sich gesagt hat: „Meine Speise ist es, den Willen dessen zu tun, der mich gesandt hat, und sein Werk zu Ende zu führen“ (Joh 4, 34). Wir wissen auch, dass Jesus in der Nacht vor seinem Tod im Garten Getsemani gebetet hat: „Vater, wenn du willst, nimm diesen Kelch von mir! Doch nicht mein, sondern dein Wille soll geschehen!“ (Lk 22, 42). Am Tag danach hängt Jesus am Kreuz. Die Menschen haben mit ihm gemacht, was sie wollten. Aber Gott hat ihn nicht verlassen. Er hat seinen Sohn von den Toten auferweckt. Jesus ist das Unterpfand unserer Hoffnung. Wir können uns an ihn wenden, wenn uns das Unglück trifft.

- Es ist nicht Gottes Wille,
  dass junge Menschen drogenabhängig werden,
  dass der eine auf Kosten des anderen lebt,
  dass Kranke allein gelassen werden,
  dass alte Menschen in der Gesellschaft nichts mehr zählen.

- Überall, wo jemand
  einen anderen stützt,
  seinen Mantel teilt,
  den Kranken hilft,
  gegen das Unrecht protestiert,
  verkündet er die Frohe Botschaft Christi,
  geschieht der Wille Gottes.

Der Wille Gottes zeigt sich in unserem Vertrauen darauf, dass er in allen Augenblicken unseres Lebens, selbst in unserem Leiden, selbst wenn wir den Eindruck haben, Gott sei fern, in uns zugegen ist. Wir spüren den Willen Gottes in der Liebe zum Nächsten; im Bemühen, den Frieden aufzubauen; im täglichen, christlichen Erfüllen unserer staatsbürgerlichen Pflichten; in der Hoffnung, die uns nicht mutlos werden lässt. „Denn alle, die sich vom Geist Gottes leiten lassen, sind Söhne Gottes“ und das entspricht seinem Willen (Röm 8, 14).

„Lass deinen Willen in uns wachsen,
damit wir den Weg der wahren Freiheit finden,
damit wir alle auf dich zugehen.

Dein Wille geschehe auf Erden wie im Himmel,
‚auf dass aller Irrtum verschwinde, die Wahrheit erscheine,
jegliches Böse ausgerottet werde, die Tugend Einzug halte
und so kein Unterschied mehr bestehe zwischen Himmel und Erde‘.“

HL. JOHANNES CHRYSOSTOMOS; KKK 2825

Lass deinen Willen in der Welt geschehen,
auf dass alle Menschen gerettet werden.

„Er hat uns das Geheimnis seines Willens kundgetan, wie er es gnädig im voraus bestimmt hat. Er hat beschlossen, die Fülle der Zeiten heraufzuführen“ (Eph 1, 9-10).

„Es ist der Wille unseres Vaters, dass alle Menschen gerettet werden und zur Erkenntnis der Wahrheit gelangen“ (1 Tim 2, 3-4).

VGL. KKK 2822-2823

18.5 Unser tägliches Brot gib uns heute

Im zweiten Teil des Vaterunsers bitten wir den Vater, dass er uns alles Lebensnotwendige schenke. Wir beten: „Unser tägliches Brot gib uns heute.“

- Gott schenkte den Israeliten des Alten Bundes einst in der Wüste Brot, das er vom Himmel regnen ließ. Dem Morgentau gleich fiel das Manna vom Himmel und bedeckte die Erde. Genug, um den Hunger zu stillen. Jeder konnte nehmen, soviel er brauchte: die einen mehr, die anderen weniger. Jene aber, die sich einen Vorrat anlegten, weil sie nicht Tag für Tag aufs Neue zu Gott Vertrauen hatten, sahen, wie ihr Brot verdarb (Ex 16).

Gott schenkt uns sein Wort. Er schenkt uns sein Brot. Er schenkt uns Jesus, seinen Sohn. In der Eucharistie wird er selbst zu unserem täglichen Brot, zum Brot des Lebens, zur „Arznei der Unsterblichkeit“ (Ignatius von Antiochien), ohne die wir das Leben nicht in uns haben (KKK 2837). Er lädt uns ein, mit den anderen dieses geistliche Brot zu teilen.

Wenn wir Gott bitten, uns unser tägliches Brot heute zu geben, wollen wir damit sagen, dass wir von ihm alles erhalten mögen, was wir zum Leben brauchen: das eucharistische Brot, Brot und Wasser, Wärme und Zuhause, Arbeit und Gemeinschaft, seinen Segen.

Gott gibt uns die Erde, auf der Weizen und Reis, Maniok und Mais wachsen: die „Frucht der Erde und der menschlichen Arbeit“, auf dass wir sie mit den Hungernden teilen.

- Gib uns heute das Brot,
das wir brauchen,
damit wir werden,
was unsere Mitmenschen
heute brauchen.

Wir beten:

„Gepriesen bist du, Herr, unser Gott, Schöpfer der Welt.
Du schenkst uns das Brot,
die Frucht der Erde und der menschlichen Arbeit.
Wir bringen dieses Brot vor dein Angesicht,
damit es uns das Brot des Lebens werde.
Gepriesen bist du in Ewigkeit, Herr, unser Gott."

GEBET ZUR GABENBEREITUNG

18.6 Vergib uns unsere Schuld

Die fünfte Bitte des Vaterunsers besteht aus zwei Teilen: einer Bitte und einem Versprechen.

- Die Bitte: „Vergib uns unsere Schuld“ ist ein Gebet, das alle Menschen teilen, denn keiner ist ohne Sünde. Wir beleidigen Gott, wenn wir sein Wort nicht beachten; wenn wir uns nicht um seinen Willen kümmern; wenn wir meinen, ohne ihn oder gegen ihn leben zu können; wenn wir unser eigenes Reich errichten.

  Wir machen uns schuldig, wenn wir dem misstrauen, der uns seinen geliebten Sohn, den menschgewordenen Jesus Christus, schenkt, damit wir zu ihm gelangen. Jesus ist für immer und für alle der Beweis jener Liebe und Zärtlichkeit, die der Vater für die Menschen hegt. Er, der Gott wie kein anderer kennt, sagt uns, wie Gott vergibt. Wir machen uns gegenüber unserem Nächsten schuldig, wenn wir unser Brot nicht teilen; wenn wir nicht füreinander, sondern gegeneinander leben; wenn wir töten, schikanieren, beleidigen, stehlen, betrügen, lügen.

- Das Versprechen: „... wie auch wir vergeben unsern Schuldigern“ ist die Voraussetzung für die Vergebungsbitte - und läuft unserer Natur entgegen. Unrecht zu vergeben ist viel schwerer als es zu verüben. Wer beleidigt, verraten, hintergangen oder betrogen wird, sinnt darauf, Vergeltung zu üben: Der soll mir dafür büßen! Dem werde ich es mit gleicher Münze heimzahlen! Der soll mich kennen lernen! Das werde ich dir niemals verzeihen! Mit dir rede ich nicht mehr ... Die Freunde werden zu Feinden, die Vertrauten zu Fremden.

  Wir sind alle Gefangene eines Räderwerks von Ungerechtigkeit und Schuld, so dass wir meinen, Vergeltungsmaßnahmen seien die einzig mögliche Reaktion auf ein erlittenes Unrecht. Jesus zeigt uns, dass wir diesem Teufelskreis entkommen können: Wir müssen für jene beten, die uns verfolgen (Mt 5, 44), auf dass Gott sie mit seiner Güte erfüllt; alles daran setzen, dass die Liebe über die Schuld und den Zorn siegt; ein Gespräch mit dem suchen, der uns Schaden zugefügt hat; ihm und uns selbst eine Chance geben. „Die Barmherzigkeit kann nicht in unser Herz eindringen, bevor wir nicht unseren Schuldigern vergeben haben“ (KKK 2840).

Jesus sagt uns, wie wichtig die Vergebung ist:

„Wenn du deine Opfergabe zum Altar bringst und dir dabei einfällt, dass dein Bruder etwas gegen dich hat, so lass deine Gabe dort vor dem Altar liegen; geh und versöhne dich zuerst mit deinem Bruder, dann komm und opfere deine Gabe.“

EVANGELIUM NACH MATTHÄUS 5, 23-24

- Vergib uns unsere Schuld,
  wie auch wir einander vergeben,
  komm uns entgegen,
  wie auch wir einander entgegenkommen,
  nimm unsere Hand,
  wie auch wir Hand in Hand gehen,
  Rechne uns die Fehler nicht auf,
  wie auch wir einander nicht aufrechnen,
  hab Geduld mit uns,
  wie auch wir Geduld miteinander haben,
  gib uns noch eine Chance,
  wie auch wir den anderen eine Chance geben,
  lass uns in der Versuchung nicht fallen,
  wie auch wir einander beistehen,
  erlöse uns von dem Bösen,
  damit wir dich gemeinsam preisen können.

- Vergib die Schuld, die ich begangen habe,
  vergib auch die Schuld aller meiner Brüder.
  Schenke uns Licht und Kraft,
  um jene kollektiven Gewohnheiten aufzudecken und aufzugeben,
  die unsere Welt ungerecht machen und fesseln.
  Deine Vergebung richte uns wieder auf,
  damit wir unsererseits zu
  Spendern von Vergebung, Gerechtigkeit und Frieden werden.

Wir können das Gebet, das Jesus uns gelehrt hat, nur dann aufrichtig sprechen, wenn jeder von uns dem anderen von ganzem Herzen vergibt.

18.7 Führe uns nicht in Versuchung

Gott schenkt den Menschen die Freiheit - und mit ihr die Fähigkeit, persönliche Entscheidungen zu treffen - für ein Leben, das bestimmt ist vom Vertrauen auf Gott, auf sein Wort und seine Gebote oder aber für ein Leben ohne Gott.

Zweifel können in unserem Herzen aufsteigen: Gott liebt mich nicht, er sieht mich nicht, er kümmert sich nicht um mich. Der Versucher wirbt um unsere Gunst, er ködert uns: Warum klammerst du dich an Gott? Er gewährt dir nichts. Ohne ihn wirst du viel weiter kommen, du wirst ein schöneres Leben voll Spaß haben ...

Die Geschichte der Verführung und der verratenen Liebe beginnt mit dem ersten Menschen.

Versuchung heißt: auf die Probe gestellt sein, eine Erfahrung machen, die mein Gleichgewicht gefährdet und die eine „Entscheidung des Herzens" (KKK 2848) fordert. Man „fällt" in Versuchung. Die Versuchung setzt meine Freiheit aufs Spiel. Es geht um mich und um meine Beziehung zu Gott.

Wer in der Versuchung einen Sieg erringen will, muss sich Jesus zuwenden. „Jesus besiegte den Versucher von Beginn an durch das Gebet" (KKK 2849). Er ist dem Vater treu geblieben - und das nicht umsonst. Wir können sicher sein, dass der treue Gott uns, wenn wir versucht werden, einen Ausweg und die Kraft geben wird, die Versuchung zu bestehen (vgl. 1 Kor 10, 13).

Wenn wir sagen: „Führe uns nicht in Versuchung", bitten wir auch um die Gnade der Beharrlichkeit bis zum Ende in der Stunde unseres Todes. „Siehe, ich komme wie ein Dieb. Selig, wer wach bleibt" (Offb 16, 15; KKK 2849).

Wenn wir Gott bitten, uns zu behüten und in der Versuchung zu stärken, müssen wir einander nahe sein, uns gegenseitig unterstützen und beistehen. Und wir müssen darauf achten, dass niemand den anderen versucht oder ihn straucheln lässt. Wenn jemand allein ist, ist er schwach und leicht ins Wanken zu bringen. Wenn viele im Glauben vereint sind, können sie mit Gottes Hilfe den Kräften des Bösen widerstehen.

> „Lenke meine Schritte nicht hin zur Macht der Sünde
> und liefere mich nicht der Willkür der Schuld aus,
> weder der Willkür der Versuchung
> noch der Willkür der Endlichkeit."
>
> AUS DEM JÜDISCHEN ABENDGEBET

18.8 Sondern erlöse uns von dem Bösen

Das Böse ist überall in der Welt vorhanden, es muss nicht gesucht werden. Naturkatastrophen, Erdbeben, Überschwemmungen, Unfälle jeder Art vernichten das Leben unzähliger Menschen.

Die Opfer fragen: „Warum? Womit habe ich das verdient?" Oft sind es die Menschen selbst, die sich Böses antun. Wir können uns nicht aufeinander verlassen.

Wenn wir bitten: „Erlöse uns von dem Bösen", tragen wir das ganze Elend der Welt vor den himmlischen Vater. Wir denken an die Katastrophen, die uns bedrohen, aber auch an das Böse, in das wir uns, oft ohne es gewollt zu haben, verstrickt sehen oder in das wir andere verwickeln. Wir denken an die egoistischen und ungerechten Gesetze und Praktiken, deretwegen die Kriege nicht aufhören, die Mächtigen immer mächtiger, die Reichen immer reicher, die Armen immer ärmer und die auf Hilfe Angewiesenen immer abhängiger werden.

Als Christen glauben wir nicht nur an das „Böse", sondern auch an den „Bösen" (Joh 17, 15). Die Tradition des christlichen Glaubens versichert: Hier ist der Böse am Werk, der Feind Gottes, der Teufel. Er ist auch der Feind des Menschen. Er will uns von Gott abbringen, er verführt und er lügt, er will den Menschen auf seine Seite ziehen. Er will uns dem Willen Gottes entfremden und uns für sein Programm aus Hass und Neid gewinnen; er will uns von dem Weg, der zum Leben, zur Nachfolge Jesu führt, abbringen, um uns auf einen Weg zu bringen, der ins Unglück führt. Das dunkle Geheimnis der Kräfte des Bösen fügt uns Leiden zu.

Aber wir glauben, dass der Gott Jesu Christi stärker ist als alle Mächte des Bösen in der Welt. Wer an Gott festhält, kann ohne Furcht im Vertrauen auf den leben, der die Mächte des Bösen besiegt hat. Am Jüngsten Tag wird der Herr wiederkommen und mit ihm die neue Welt Gottes, in der Gott alles in allem sein wird.

Wir beten bei jeder Eucharistiefeier:

„Erlöse uns, Herr, von allem Bösen und gib Frieden in unseren Tagen. Komm uns zu Hilfe mit deinem Erbarmen und bewahre uns vor Verwirrung und Sünde, damit wir voll Zuversicht das Kommen unseres Erlösers Jesus Christus erwarten."

18.9 Wir loben dich, wir preisen dich, wir sagen dir Dank

Es ist legitim, Gott um seine Hilfe zu bitten, denn er liebt uns und er hat die Macht, uns alles zu geben, was wir brauchen. Wer glaubt, dass Gott der Freund der Menschen ist, dass er ihnen nahe ist, was auch immer geschehen mag, der spürt, dass es gut ist, zu Gott zu gehören. Sein Gebet ist nicht nur eine Bitte; er will sich an Gott wenden, um ihm zu danken und ihn zu loben. Gott hat jedes Leben zu seiner Verherrlichung geschaffen.

> „Alle Geschöpfe im Himmel und auf der Erde,
> unter der Erde und auf dem Meer, alles, was in der Welt ist,
> hörte ich sprechen:
>
> > Ihm, der auf dem Thron sitzt, und dem Lamm
> > gebühren Lob und Ehre und Herrlichkeit und Kraft
> > in alle Ewigkeit."
>
> OFFENBARUNG 5, 13

Seit der Urkirche schließt das Vaterunser mit dem Lobpreis der Gemeinde:

DENN DEIN IST DAS REICH
UND DIE KRAFT UND DIE HERRLICHKEIT
IN EWIGKEIT.
AMEN.

ANHANG

1. Gebete

Das Kreuzzeichen

Im Namen des Vaters und des Sohnes und des Heiligen Geistes. Amen.

Ehre sei dem Vater

Ehre sei dem Vater und dem Sohn und dem Heiligen Geist, wie im Anfang, so auch jetzt und alle Zeit und in Ewigkeit. Amen.

Gebet des Herrn (vgl. Mt 6, 9-13)

Vater unser im Himmel,
geheiligt werde dein Name.
Dein Reich komme.
Dein Wille geschehe,
wie im Himmel so auf Erden.
Unser tägliches Brot gibt uns heute
und vergib uns unsere Schuld,
wie auch wir vergeben unsern Schuldigern.
Und führe uns nicht in Versuchung,
sondern erlöse uns von dem Bösen.
Denn dein ist das Reich
und die Kraft und die Herrlichkeit.
in Ewigkeit. Amen.

Pater noster, qui es in caelis,
sanctificetur nomen tuum.
Adveniat regnum tuum.
Fiat voluntas tua,
sicut in caelo, et in terra.
Panem nostrum cotidianum da nobis hodie;
et dimitte nobis debita nostra,
sicut et nos dimittimus debitoribus nostris;
Et ne nos inducas in tentationem,
sed libera nos a malo.
Quia tuum est regnum
et potestas, et gloria
in saecula. Amen.

DIE GEBETE DER MESSE

Confiteor (Schuldbekenntnis)

Ich bekenne Gott, dem Allmächtigen,
und allen Brüdern und Schwestern,
dass ich Gutes unterlassen und Böses getan habe,

ich habe gesündigt
in Gedanken, Worten und Werken
(*man schlägt sich an die Brust*)
durch meine Schuld, durch meine Schuld,
durch meine große Schuld.
Darum bitte ich die selige Jungfrau Maria,
alle Engel und Heiligen
und euch, Brüder und Schwestern,
für mich zu beten bei Gott, unserem Herrn.

Gloria

Ehre sei Gott in der Höhe
und Friede auf Erden den Menschen seiner Gnade.
Wir loben dich, wir preisen dich,
wir beten dich an, wir rühmen dich und danken dir,
denn groß ist deine Herrlichkeit:
Herr und Gott, König des Himmels,
Gott und Vater, Herrscher über das All.
Herr, eingeborener Sohn, Jesus Christus.
Herr und Gott, Lamm Gottes, Sohn des Vaters,
du nimmst hinweg die Sünde der Welt: erbarme dich unser;
du nimmst hinweg die Sünde der Welt: nimm an unser Gebet;
du sitzest zur Rechten des Vaters, erbarme dich unser.
Denn du allein bist der Heilige,
du allein der Herr, du allein der Höchste: Jesus Christus,
mit dem Heiligen Geist zur Ehre Gottes des Vaters. Amen.

Apostolisches Glaubensbekenntnis

Ich glaube an Gott,
den Vater, den Allmächtigen,
den Schöpfer des Himmels und der Erde,

Credo in Deum,
Patrem omnipotentem,
Creatorem caeli et terrae,

und an Jesus Christus,
seinen eingeborenen Sohn,
unsern Herrn,
empfangen durch den Heiligen Geist,
geboren von der Jungfrau Maria,
gelitten unter Pontius Pilatus,

et in Jesum Christum,
Filium eius unicum,
Dominum nostrum,
qui conceptus est de Spiritu Sancto,
natus ex Maria Virgine,
passus sub Pontio Pilato,

gekreuzigt, gestorben und begraben,
hinabgestiegen in das Reich des Todes,
am dritten Tage auferstanden von den Toten,
aufgefahren in den Himmel;
er sitzt zur Rechten Gottes,
des allmächtigen Vaters;
von dort wird er kommen,
zu richten die Lebenden und die Toten.

crucifixus, mortuus, et sepultus,
descendit ad inferos,
tertia die resurrexit a mortuis,
ascendit ad caelos;
sedet ad dexteram Dei,
Patris omnipotentis;
inde venturus est
iudicare vivos et mortuos.

Ich glaube an den Heiligen Geist,
die heilige katholische Kirche,
Gemeinschaft der Heiligen,
Vergebung der Sünden,
Auferstehung der Toten
und das ewige Leben.
Amen.

Credo in Spiritum Sanctum,
sanctam Ecclesiam catholicam,
sanctorum communionem,
remissionem peccatorum,
carnis resurrectionem,
vitam aeternam.
Amen.

Sanctus

Heilig, heilig, heilig
Gott, Herr aller Mächte und Gewalten.
Erfüllt sind Himmel und Erde von deiner Herrlichkeit.
Hosanna in der Höhe.
Hochgelobt sei, der da kommt im Namen des Herrn.
Hosanna in der Höhe.

Agnus Dei

Lamm Gottes, du nimmst hinweg die Sünde der Welt: erbarme dich unser.

Lamm Gottes, du nimmst hinweg die Sünde der Welt: erbarme dich unser.

Lamm Gottes, du nimmst hinweg die Sünde der Welt: gib uns deinen Frieden.

Gebete an Maria

Ave Maria

Gegrüßet seist du, Maria, voll der Gnade,
der Herr ist mit dir.
Du bist gebenedeit unter den Frauen

Ave Maria, gratia plena,
Dominus tecum.
Benedicta tu in mulieribus,

und gebenedeit ist die Frucht deines Leibes, Jesus.	et benedictus fructus ventris tui, Jesus.
Heilige Maria, Mutter Gottes, bitte für uns Sünder jetzt und in der Stunde unseres Todes. Amen.	Sancta Maria, Mater Dei, ora pro nobis peccatoribus nunc et in hora mortis nostrae. Amen.

Magnificat
(Lobgesang der Jungfrau Maria - Lk 1, 46-55)

Meine Seele preist die Größe des Herrn,
und mein Geist jubelt über Gott, meinen Retter.
Denn auf die Niedrigkeit seiner Magd hat er geschaut.
Siehe, von nun an preisen mich selig alle Geschlechter!
Denn der Mächtige hat Großes an mir getan,
und sein Name ist heilig.
Er erbarmt sich von Geschlecht zu Geschlecht
über alle, die ihn fürchten.
Er vollbringt mit seinem Arm machtvolle Taten:
Er zerstreut, die im Herzen voll Hochmut sind;
er stürzt die Mächtigen vom Thron
und erhöht die Niedrigen.
Die Hungernden beschenkt er mit seinen Gaben
und lässt die Reichen leer ausgehen.
Er nimmt sich seines Knechtes Israel an
und denkt an sein Erbarmen,
das er unsern Vätern verheißen hat,
Abraham und seinen Nachkommen auf ewig.

Salve Regina

Sei gegrüßt, o Königin, Mutter der Barmherzigkeit, unser Leben, unsre Wonne und unsre Hoffnung, sei gegrüßt! Zu dir rufen wir, verbannte Kinder Evas; zu dir seufzen wir trauernd und weinend	Salve Regina, Mater misericordiae, vita dulcedo et spes nostra salve. Ad te clamamus, exsules filii Evae; ad te suspiramus, gementes et flentes

in diesem Tal der Tränen.
Wohlan denn, unsre Fürsprecherin,
wende deine barmherzigen Augen uns zu,

und nach diesem Elend zeige uns Jesus,
die gebenedeite Frucht deines Leibes.
O gütige, o milde, o süße Jungfrau Maria.

in hac lacrimarum valle.
Eia ergo, advocata nostra,
illos tuos misericordes oculos
ad nos converte.
Et Jesum benedictum fructum ventris tui,
nobis post hoc exsilium ostende.
O clemens, o pia, o dulcis Virgo Maria.

Angelus

Der Engel des Herrn brachte Maria die Botschaft,
und sie empfing vom Heiligen Geist.
Gegrüßet seist du, Maria ...

Maria sprach: Siehe, ich bin die Magd des Herrn;
mir geschehe nach deinem Wort.
Gegrüßet seist du, Maria ...

Und das Wort ist Fleisch geworden
und hat unter uns gewohnt.
Gegrüßet seist du, Maria ...

Bitte für uns, heilige Gottesmutter,
dass wir würdig werden der Verheißung Christi.

Lasset uns beten:
Allmächtiger Gott, gieße deine Gnade in unsere Herzen ein. Durch die Botschaft des Engels haben wir die Menschwerdung Christi, deines Sohnes, erkannt. Lass uns durch sein Leiden und Kreuz zur Herrlichkeit der Auferstehung gelangen. Darum bitten wir durch Christus, unsern Herrn. Amen.

Der Rosenkranz

Im Namen des Vaters ...
Ich glaube an Gott ...
Ehre sei dem Vater ...

Vater unser ...
Gegrüßet seist du, Maria ...

Die drei ersten „Gegrüßet seist du, Maria“ sind den göttlichen Tugenden - Glaube, Hoffnung und Liebe - gewidmet.

– Jesus, der in uns den Glauben vermehre
– Jesus, der in uns die Hoffnung stärke
– Jesus, der in uns die Liebe entzünde

Ehre sei dem Vater ...

Die freudenreichen Geheimnisse:

– Jesus, den du, o Jungfrau, vom Heiligen Geist empfangen hast
– Jesus, den du, o Jungfrau, zu Elisabet getragen hast
– Jesus, den du, o Jungfrau, (in Betlehem) geboren hast
– Jesus, den du, o Jungfrau, im Tempel aufgeopfert hast
– Jesus, den du, o Jungfrau, im Tempel wiedergefunden hast

Die lichtreichen Geheimnisse:

– Jesus, der von Johannes getauft worden ist
– Jesus, der sich bei der Hochzeit in Kana offenbart hat
– Jesus, der uns das Reich Gottes verkündet hat
– Jesus, der auf dem Berg Tabor verklärt worden ist
– Jesus, der uns die Eucharistie geschenkt hat

Die schmerzhaften Geheimnisse:

– Jesus, der für uns Blut geschwitzt hat
– Jesus, der für uns gegeißelt worden ist
– Jesus, der für uns mit Dornen gekrönt worden ist
– Jesus, der für uns das schwere Kreuz getragen hat
– Jesus, der für uns gekreuzigt worden ist

Die glorreichen Geheimnisse:

– Jesus, der von den Toten auferstanden ist
– Jesus, der in den Himmel aufgefahren ist

– Jesus, der uns den Heiligen Geist gesandt hat
– Jesus, der dich, o Jungfrau, in den Himmel aufgenommen hat
– Jesus, der dich, o Jungfrau, im Himmel gekrönt hat

Beispiele für Morgengebete

Es segne mich der Vater, der mich erschaffen hat;
es behüte mich der Sohn, der für mich am Kreuz gelitten hat;
es erleuchte mich der Heilige Geist, der in mir lebt und wirkt. Amen.

Herr, allmächtiger Gott, am Beginn dieses neuen Tages bitten wir dich:
Schütze uns heute durch deine Kraft. Bewahre uns vor Verwirrung und Sünde.
Lass uns denken, reden und tun, was recht ist vor dir.
Durch Christus, unsern Herrn. Amen.

Es segne und behüte uns der allmächtige und barmherzige Gott:
der Vater, der Sohn und der Heilige Geist. Amen.

2. Die Gebote

Die Zehn Gebote

Ich bin der Herr, dein Gott, der dich aus Ägypten geführt hat, aus dem Sklavenhaus.

1. Du sollst keine anderen Götter neben mir haben!
2. Du sollst den Namen des Herrn nicht verunehren!
3. Du sollst den Tag des Herrn heiligen!
4. Du sollst Vater und Mutter ehren!
5. Du sollst nicht töten!
6. Du sollst nicht die Ehe brechen!
7. Du sollst nicht stehlen!
8. Du sollst kein falsches Zeugnis geben!
9. Du sollst nicht begehren deines Nächsten Frau!
10. Du sollst nicht begehren deines Nächsten Gut!

Die fünf Gebote der Kirche

1. Die Gläubigen haben die Pflicht, an Sonntagen und den anderen gebotenen Feiertagen an der heiligen Messe teilzunehmen und die Arbeit ruhen zu lassen.
2. Jeder Gläubige hat die Pflicht, jährlich wenigstens einmal seine Sünden zu beichten.
3. Jeder Gläubige hat die Pflicht, wenigstens jedes Jahr zur Osterzeit die heilige Kommunion zu empfangen.
4. An den von der Kirche festgelegten Bußtagen haben die Gläubigen die Pflicht, sich von Fleischspeisen zu enthalten und zu fasten.
5. Die Gläubigen sind verpflichtet, zu den materiellen Bedürfnissen der Kirche beizutragen.

3. Die Sakramente

Die sieben Sakramente

1. Die Taufe
2. Die Firmung
3. Die Eucharistie
4. Die Buße
5. Die Krankensalbung
6. Die Weihe
7. Die Ehe

Die Beichte

Der Beichtende macht das Kreuzzeichen und spricht:
Im Namen des Vaters und des Sohnes und des Heiligen Geistes. Amen.

Der Priester fährt fort: *Gott, der unser Herz erleuchtet, schenke dir wahre Erkenntnis deiner Sünden und seiner Barmherzigkeit.*

Der Beichtende antwortet: *Amen.*

Es folgt das Bekenntnis der Sünden und das Beichtgespräch mit dem Priester, bei dem der Beichtende ein angemessenes Bußwerk zur Genugtuung für seine Sünden übernimmt.

Nach dem Sündenbekenntnis soll der Beichtende ein kurzes Reuegebet sprechen, zum Beispiel: *Mein Gott, ich bereue zutiefst, dass ich mich gegen dich versündigt habe. Denn du bist unendlich gütig, und die Sünde missfällt dir. Mit Hilfe deiner Gnade fasse ich den festen Entschluss, mich nicht mehr an dir zu versündigen und Buße zu tun.*

Der Priester erteilt die Lossprechung: *Gott, der barmherzige Vater, hat durch den Tod und die Auferstehung seines Sohnes die Welt mit sich versöhnt und den Heiligen Geist gesandt zur Vergebung der Sünden. Durch den Dienst der Kirche schenke er dir Verzeihung und Frieden.* ***So spreche ich dich los von deinen Sünden im Namen des Vaters und des Sohnes und des Heiligen Geistes.***

Antwort: *Amen.*

Der Priester: *Danket dem Herrn, denn er ist gütig.*

Antwort: *Sein Erbarmen währt ewig.*

Dann entlässt der Priester den Beichtenden mit den Worten: *Der Herr hat dir die Sünden vergeben. Geh hin in Frieden.*

Gebet zur Danksagung: *Ich danke dir, Herr, für die Vergebung, die ich erfahren habe, und für den Mut zu einem neuen Beginn. Ich danke auch für die Versöhnung mit der Kirche, der ich durch meine Sünden Schaden zugefügt habe.*

(Zur Vorbereitung der Beichte können folgende Hinweise wertvoll sein: „Buße und Versöhnung“ Seite 131 bis 134 und „Erfüllung des Gesetzes Seite 151 bis 160).

4. Die Sünden

Die Hauptsünden

1. Stolz
2. Habsucht
3. Neid
4. Zorn
5. Unkeuschheit
6. Unmäßigkeit
7. Trägheit oder Überdruss

5. Die Tugenden und die Gaben des Heiligen Geistes

Die göttlichen Tugenden

1. Der Glaube

Glaubensakt: Mein Gott, ich glaube fest an all das, was du geoffenbart hast und was die heilige Kirche uns zu glauben vorlegt. Denn du bist die Wahrheit selbst und kannst weder dich noch uns täuschen.

2. Die Hoffnung

Akt der Hoffnung: Mein Gott, ich hoffe voller Vertrauen darauf, dass du mir durch die Verdienste Jesu Christi den Himmel und deine Gnade schenken wirst. Denn du bist unendlich gütig zu uns, allmächtig und treu in deinen Verheißungen.

3. Die Liebe

Akt der Liebe: Mein Gott, ich liebe dich über alles, mit ganzem Herzen, mit ganzer Seele und mit allen meinen Kräften. Denn du bist vollkommen bis zur Vollendung und in höchstem Grade liebenswürdig. Und um der Liebe zu Dir willen liebe ich auch meinen Nächsten wie mich selbst.

Die sieben Gaben des Heiligen Geistes

1. Weisheit
2. Einsicht
3. Rat
4. Stärke
5. Erkenntnis
6. Frömmigkeit
7. Gottesfurcht

Die Kardinaltugenden

1. Klugheit
2. Gerechtigkeit
3. Tapferkeit
4. Mäßigung

Die sieben leiblichen Werke der Barmherzigkeit

1. Die Hungernden speisen
2. Den Durstleidenden zu trinken geben
3. Die Nackten bekleiden
4. Die Obdachlosen aufnehmen
5. Die Gefangenen befreien
6. Die Kranken besuchen
7. Die Toten bestatten

Die sieben geistlichen Werke der Barmherzigkeit

1. Die Sünder ermahnen
2. Die Unwissenden belehren
3. Die Zweifelnden beraten
4. Die Betrübten trösten
5. Die Lästigen geduldig ertragen
6. Bereitwillig verzeihen
7. Für die Lebenden und die Toten beten

Die evangelische Räte

(das heißt das, wozu das Evangelium rät)

1. Armut (Verzicht auf überflüssige Güter)

2. Keuschheit in Ehelosigkeit um des Reiches Gottes willen

3. Gehorsam (die geweihten Mitglieder eines Ordensinstituts verpflichten sich zur Einhaltung der Regel ihres Instituts)

Die evangelischen Räte dienen jedem Christen als Richtlinien für sein Leben.

6. Die vier letzten Dinge

(was man bedenken muss, um auf rechte Weise zu leben)

1. Tod
2. Letztes Gericht
3. Hölle
4. Himmel (Paradies)

INHALTSVERZEICHNIS

(Zahlen in Klammern verweisen auf die Kapitel in „Gott spricht zu seinen Kindern“)

Erster Teil - Das Bekenntnis des christlichen Glaubens
Der Glaube der Christen: Das Apostolische Glaubensbekenntnis

Kirche in Not/Ostpriesterhilfe

„Kirche in Not/Ostpriesterhilfe“ ist ein internationales katholisches Hilfswerk Päpstlichen Rechts, das der Kirche überall dort hilft, wo sie verfolgt oder bedrängt wird oder nicht genügend Mittel für die Seelsorge hat.

Das Hilfswerk wurde 1947 vom niederländischen Prämonstratenserpater Werenfried van Straaten gegründet. Damals organisierte Pater Werenfried in Belgien und Holland Hilfe für die heimatvertriebenen Deutschen und rief zur Versöhnung mit den verfeindeten Nachbarn auf. Da er anfangs vor allem Speck bei den flämischen Bauern sammelte, nannte man ihn bald den „Speckpater“.

Heute hilft „Kirche in Not“ als Werk päpstlichen Rechts in mehr als 130 Ländern. Unterstützt werden vor allem die Aus- und Weiterbildung von Seminaristen und Priestern, der Bau und die Renovierung von Kirchen und Ausbildungsstätten, der Druck und die Verbreitung der Bibel und anderer religiöser Literatur sowie die Ausstrahlung christlicher Radio- und Fernsehprogramme.

Sitz der internationalen Zentrale ist Königstein im Taunus (Deutschland). In weiteren sechzehn Ländern hat „Kirche in Not“ nationale Sekretariate.

Gerne schicken wir Ihnen **weitere Informationen** zu unserer Arbeit. Sie finden uns auch im Internet unter www.kirche-in-not.de (Deutschland), www.kircheinnot.at (Österreich) und www.kirche-in-not.ch (Schweiz).

Wenn Sie weitere Exemplare dieses Baches möchten, rufen Sie uns an oder schreiben Sie uns. Helfen Sie mit, damit der Glaube lebt!

Kirche in Not/Ostpriesterhilfe
Deutschland e.V.
Lorenzonistraße 62
81545 München
Telefon: 089 64 24 888-0
Telefax: 089 64 24 888-50
e-mail: info@kirche-in-not.de; www.kirche-in-not.de

Kirche in Not/Ostpriesterhilfe
Österreich
Hernalser Hauptstraße 55
Postfach 96
1172 Wien
Telefon: 01 40 52 553
Telefax: 01 40 55 46 275
e-mail: kin@kircheinnot.at

Kirche in Not/Ostpriesterhilfe
Schweiz/Fürstentum Liechtenstein
Cysatstrasse 6
Postfach 5251
6004 Luzern
Telefon: 041 410 46 70
Telefax: 041 410 31 70
e-mail: mail@kirche-in-not.ch

Materialangebot

Rufen Sie uns an oder schreiben Sie uns, wenn Sie weitere Schriften oder anderes Material (Videofilme, Broschüren, Plakate, Prospekte) bei uns bestellen möchten. Im folgenden einige Beispiele:

„Gott spricht zu seinen Kindern“

Eine Kinderbibel erobert die Welt: schon mehr als 50 Mio. Exemplare in vielen verschiedenen Sprachen! Das größte Projekt von „Kirche in Not“ und für Tausende von Kindern der erste Weg, Jesus Christus kennen zu lernen. Die Vision Pater Werenfrieds erfüllt sich: „So kann in den Herzen der Kinder ein lebendiges Bild von Jesus entstehen.“

Passend dazu ein ***Malbuch*** mit den schönsten Bildern aus der Kinderbibel

Geeignet für den Religionsunterricht in der Grundschule, für die Kommunionvorbereitung oder als kleines Geschenk für die Kleinen, die Jesus so sehr am Herzen liegen: „Lasst die Kinder zu mir kommen!“ (Lk 18, 16)

Für das gemeinschaftliche Gebet in der Pfarrgemeinde oder für das persönliche Gebet in einer stillen Stunde:

Der Rosenkranz

Freude • Licht •
Schmerz • Glorie

Via Crucis

Weg • Tod •
Auferstehung

Das Leben Jesu betrachten:
durch Worte aus der Heiligen Schrift,
geistliche Impulse und biblische Illustrationen.

„Sie nennen mich Speckpater“

Lebenserinnerungen von Pater Werenfried, über den Kardinal Frings einst sagte: „Man muss ihn gern haben, diesen flämischen Schwarz-Weiß-Maler, diesen Herold der unbedingten Nächstenliebe, diesen großartigen Überwinder nationaler Gegensätzlichkeiten: Pater Werenfried van Straaten.“

Das ***„Echo der Liebe“***: acht mal im Jahr eine kleine Informationsschrift über die verfolgte und notleidende Kirche – und darüber, wie Sie wirksam helfen können.